Ulrike Parthen und Bernd Kiesewetter

Leonie – Männer und andere Pleiten

AF237197

Ulrike Parthen
Bernd Kiesewetter

LEONIE
Männer und andere Pleiten

Roman

© 2021 Copyright by Ulrike Parthen + Bernd Kiesewetter
Umschlaggestaltung, Layout, Buchsatz:
Jana Schlosser | Das Grafik-Büro
Fotonachweis:
Rüdiger Lutz –Autorenfoto Ulrike Parthen
Ben de Biel – Autorenfoto Bernd Kiesewetter
Titelbild: depositphotos.com – Kues (310100964_ds)
Herstellung und Verlag: BoD – Books on Demand,
Norderstedt
ISBN: 978-3-7543-4959-5

Die Sache mit dem S c h m o r braten

Die Herren im Büro sind sich einig: „Heute Abend gehen wir essen. Wir müssen ihn unbedingt bei Laune halten."
Mit „ihn" ist Mister Li-Wang gemeint, der eigens und nur für uns aus dem Reich der Mitte eingeflogen kommt. Das macht er öfter. Um genau zu sein, einmal im Monat, denn neuerdings ist er unser Chef. Das finden meine Kollegen spitze, ich weniger. Vor allem wegen dieser dauernden Essensgeschichten, die dann für mich anstehen. Essen grundsätzlich mag ich ja. Am liebsten recht deftig, ein gutes Steak beispielsweise. Aber nur medium bitte, alles andere hat die Bezeichnung doch wirklich nicht verdient. Bisweilen bin ich allerdings leicht überfordert mit derlei Essens-Pflichtveranstaltungen wie dieser.
„Leonie, jetzt zier dich nicht so", raunt mich Moritz an, der keine Ahnung von meinem Problem hat. Das soll auch so bleiben.
„Ist ja gut, Moritz, ich komme mit", erkläre ich schnell. Soll bloß keiner auf dumme Gedanken kommen. Eine andere Wahl habe ich sowieso nicht. Als Juristin und eine der Führungspersönlichkeiten im Hause ist meine Anwesenheit beim Li-Wang'schen Schmorbratenessen Pflicht.
Mister Li-Wang ist übrigens ein sehr angesehener Mensch in seinem Lande. Kein Wunder, sein Unternehmen ist milliardenschwer. Wie man munkelt, kann man dasselbe auch von ihm behaupten. Wenn so viele Milliarden auf allen möglichen Banken der Welt herumliegen, könnte man als Besitzer schon einmal ins Grübeln kommen: Was tun mit dem vielen Geld? Ich sage nur Schuhe.
Mister Li-Wang sieht das anders. Er hat einfach unsere Firma

eingekauft, weil wir das hier mit den Milliarden nicht so perfekt hingekriegt haben wie er. Daher stand uns das Wasser auch bis zum Hals – bis Mister Li-Wang den Rettungsring direkt aus China zu uns herüberwarf.

„Was bin ich froh, dass wir damals nicht in Konkurs gegangen sind!" Kollege Thomas sieht man die Erleichterung noch immer ins Gesicht geschrieben. „Meine Frau machte sich schon Sorgen, wir müssten unser Häuschen verkaufen und in eine Vier-Zimmer-Wohnung in die Innenstadt übersiedeln."

Als ob das ein Beinbruch wäre. „Och, ich find's ganz schnuckelig in meiner 4-Zimmer-Wohnung", gebe ich Kontra.

Ein bisschen Frotzeln unter Kollegen darf sein. Thomas schaut peinlich berührt auf den Fußboden, während Moritz mich mahnend erneut an die Wichtigkeit der Sache erinnert.

„Er hat uns gerettet. Seinen Schmorbraten hat er sich daher verdient!"

Meine Kollegen aus der Führungsetage sind einhellig der Meinung, dass wir ihm deswegen unbedingt zu Dank verpflichtet seien. Alle seine Wünsche von den Augen abzulesen, wäre da das Mindeste.

„Geht natürlich wieder auf uns, das Essen", ergänzt Moritz und schaut dabei konsequent in meine Richtung. Er weiß, wie blöd ich diese Vorgehensweise finde.

Wie wir alle inzwischen mitbekommen haben, liebt Mister Li-Wang zwei Dinge mindestens genauso wie seine drei Frauen. Ja, ich musste auch erst mal schlucken, als ich das hörte. Scheinbar ist es dort durchaus üblich, in den Kreisen der Großverdiener mehrere Frauen am Start zu haben. Das finde ich persönlich etwas anstrengend. Ich komme ja oft nicht mal mit einem Kerl klar und muss dabei sofort an Nils denken. Meine Güte, wie anstrengend, dieser Typ. Mister Li-Wang macht allerdings nicht den Eindruck, als leide er an einem Erschöpfungssyndrom. Zurück zu seinem Faible außerhalb des weiblichen Geschlechts: Er liebt Schmorbraten mit Knödel außerordentlich, dazu ein eiskaltes Kristallweizen. Und das muss von uns bezahlt werden, bestimmte Moritz von Anfang an so.

Ich hasse dumme Regeln. Also solche eben, die für mich keinen Sinn machen. Den anderen füge ich mich natürlich – schon mal rein berufsbedingt. Eine gesetzesuntreue Juristin wäre auch wenig brauchbar für diese Welt. Aber was bitte schön ist daran sinnvoll, diesem milliardenschweren Herrn aus China auch noch das Essen auszugeben? Umgekehrt fände ich das sehr viel logischer. Solche Einschleimereien gehen mir auf den Keks.

„Wie lange soll das noch so weitergehen?"

Kurze Nachfrage meinerseits, denn ich habe jetzt nicht unbedingt vor, diese Prozedur bis zur Rente weiterzuverfolgen.

„So lange, wie es nötig ist!"

Moritz kann mich nicht leiden. Schon von Anfang an nicht. Seine Ex sieht mir wohl sehr ähnlich, wie Thomas mir erzählte. Seit der Trennung herrscht Rosenkrieg. Daher sind kleine, blonde Frauen ganz grundsätzlich ein rotes Tuch für ihn. Überhaupt solche, die wie ich die Dinge gern hinterfragen und wenn's sein muss, auch mal rebellisch reagieren.

Das brachte mir schon in der 1. Klasse einen fetten Eintrag im Klassenbuch ein. „Leonie, richte deinen Eltern aus, sie mögen übermorgen um 14 Uhr hier zum Elterngespräch erscheinen."

Mein Klassenlehrer Herr Sockitt, oje! Einer der ganz altmodischen Sorte. Er trug überwiegend einen Zollstock mit sich herum.

„Herr Sockitt, zu was brauchen Sie den?", fragte ich neugierig, ohne auf seine Anweisung zu reagieren.

Das machte ihn noch rasender. „Ich habe dir schon hundertmal erklärt: Es wird nur in den Pausen gegessen, nicht im Unterricht!" Während er das sagte, haute er mit seinem Zollstock auf die Schreibtischplatte.

Ich zuckte nicht mal mit der Wimper und biss erneut genüsslich von meinem Salamibrot ab. Meistens legte Mutti eine in Längsstreifen geschnittene Gurke mit drauf. Mmmmhhhh, lecker. „Herr Sockitt, ich habe sooooo Hunger", erklärte ich verzweifelt. Das stimmte wirklich. Ich kannte es von zu Hause nicht anders, als eben dann zu essen, wenn ich hungrig bin. Alles andere wäre auch unlogisch gewesen. Zumindest aus meiner Sicht als 7-Jährige.

„Damit ist jetzt Schluss", schrie er laut.

Meine Nebensitzerin duckte sich bereits seitlich weg, als würde jeden Moment ein Donnerwetter über sie hereinbrechen.

„Mein Fffalmiiibrot", protestierte ich mit vollem Mund.

Zu spät. Ich konnte gar nicht so schnell schauen, wie er mir mein geliebtes Brot aus der Hand riss. „Dir werde ich schon noch Zucht und Ordnung beibringen!"

Kaum ausgesprochen, warf er mein schönes Brot in den Mülleimer. Da lag es äußerst trübselig und in alle Einzelteile auseinandergerissen neben diversen Papierknäueln und dem Apfelbutzen meiner Freundin. Wir waren beide sehr traurig darüber. Also mein Salamibrot und ich.

Damit hatte mir Herr Sockitt ein schlimmes Problem eingebrockt, denn mein Magen knurrte den Rest des Vormittages sehr laut.

„Magst du von meinem Brot die Hälfte abhaben?"

Rosi, die gute Seele, hatte Mitleid mit mir.

„Au ja, danke Rosi!"

In der nächsten Pause saßen wir einträchtig nebeneinander und mampften Rosis Käsebrot – und keine Sekunde zu früh. Darauf achtete Herr Sockitt pingelig. Erst vor kurzem habe ich gelesen, dass solche Erlebnisse ein handfestes Trauma auslösen können. Ich bin mir sicher, dass ich seitdem ein Essenstrauma habe: Ich kann in bestimmten Situationen nur noch essen, wenn ich allein bin. In Gesellschaft wiederum schnürt es mir die Kehle zu. Ob ich deswegen Schmerzensgeld gegenüber Herrn Sockitt geltend machen könnte? Darüber habe ich mir in all den Jahren keine Gedanken gemacht. Und jetzt ist es zu spät. Erstens wäre es sowieso verjährt und zweitens könnten wir Herrn Sockitt schlecht auf die Anklagebank holen. Er verweilt seit einigen Jahren im Himmel. Das hat er sich ja prima ausgedacht. Naja, der dafür zuständige Engel wird ihm hoffentlich längst die Leviten in dieser Angelegenheit gelesen haben.

Ansonsten bin ich recht gut drauf und wie Muttchen immer sagt, ein resolutes Persönchen. Zwar hat der liebe Gott bei 155 Zentimetern aufgehört, mir weiteres Längenwachstum zu spendieren. Mit Pumps komme ich zumindest auf knapp 165. Mein Mundwerk holt mich aus dem Klischee der kleinen, süßen Blonden gekonnt wieder raus. Denn Kommunikation und Rhetorik waren schon immer meins.

„Leonie, du solltest später unbedingt Jura studieren", meinte Mutti, als ich 14 war. Meine kommunikative Stärke war unübersehbar. Das tat ich dann auch und war schon als blutjunge Anwältin für meine Plädoyers bekannt. Daher dauerte es auch nicht lange, bis die Wirtschaft Wind davon bekam und mir ein verlockendes Angebot unterbreitete.

„Frau Janssen, ich hätte da was für Sie", hörte ich vor gut einem Jahr einen Herrn durch den Telefonhörer sagen. Er stellte sich als Personalberater Krause vor. Das klingt netter als Headhunter, denn diese Headhunter sind nicht gerade beliebt.

„Um was geht's?", wollte ich skeptisch wissen.

Doch es kristallisierte sich bald heraus, dass Herr Krause einer von den Guten ist und außerdem eine coole Socke. Wir trafen uns auf einen Kaffee in der Stadt.

„Klingt spannend", erwähnte ich nach einer halben Stunde unseres netten Plauschs.

„Sagte ich doch, Frau Janssen. Sagte ich doch", pflichtete er mir bei und sah dabei offensichtlich schon seine Provision aufs Konto wandern.

Ich sagte zu und damit meinem bisherigen Job in einer kleinen Kanzlei adieu. Da sitze ich nun, als Juristin in einem von Mister Li-Wang aufgekauften Unternehmen und muss jeden Monat Schmorbraten essen gehen. Wenn ich das nur früher geahnt hätte. Denn bei diesen förmlichen Essensgeschichten hört der Spaß für mich auf. Ich kriege da jedes Mal eine Panikattacke und keinen Bissen runter. „Herr Sockitt, ich hoffe, Ihr schlechtes Gewissen plagt Sie da oben im Himmel so richtig!" Mir fällt gerade nichts anderes ein, als meine Wut dergestalt loszuwerden. Nur noch zwei Stunden bis zum Essen und ich bin das reinste Nervenbündel. Ich will diese Phobie nicht mehr an der Backe haben. Am liebsten würde ich sie ja mit One-Way-Ticket direkt durch die Himmelspforte schicken. Da ich das Problem bisher einfach nicht in den Griff kriegen konnte, heuerte ich sogar schon mal einen Coach an.

„Leonie, das ist doch kein Ding. Kriegen wir easy wieder hin", prophezeite mir Martin. Er ist der Neffe meiner Großtante mütterlicherseits und wohl eine Koryphäe in der Coachingszene. Er nennt sich Coaching-Medium. Kann ich mir nicht wirklich was drunter vorstellen, daher klickte ich nach unserem Ersttelefonat auf seine Webseite. Kaum dort angekommen, musste ich mir den Martin in Groß angucken. Ein Foto in Überformat prangte mir von seiner Startseite entgegen. In der nächsten Sekunde kriegte ich fast einen Hörsturz. Nicht wegen des Bildes, sondern aufgrund der Musik, die gleichzeitig dabei aus meinem Rechner ertönte. Darauf war ich nicht gefasst und kippte glatt vom Stuhl. Wenn es wenigstens Bruce Springsteen gewesen wäre oder Neil Young. Aber nein! Eine Frauenstimme streifte mein Trommelfell höchst empfindlich. Sie klang wie eine kaputte Gießkanne. Mein Geschmack war das nicht, aber musste er ja selbst wissen, der Martin. Ich drehte den Ton ab, denn das war kaum auszuhalten. Dann erst sah ich mich in der Lage, mir Martin auf dem Foto seiner Webseite näher anzuschauen.

Aha!

Vor ihm war eine Menschenmenge abgebildet, die ihm offensichtlich laut zujubelte. Alle hatten die Hände in die Luft gestreckt und die Münder grotesk geöffnet. Sah aus, als befänden sich die Leute in einer Art Rausch. Richtig gut kannte ich mich in der Coaching-Branche ja noch nicht aus. Vielleicht musste das mit den entzückten Gesichtsausdrücken so sein. Also vertraute ich den verwandtschaftlichen Verhältnissen sowie der zur Schau gestellten Kompetenz von Martin und rief ihn nach ein paar Tagen Bedenkzeit ein zweites Mal an.

„Hey Martin, ich bin's Leonie."

„Welche Leonie?"

Das ging ja gut los. Ich lenkte das Gespräch zügig in Richtung Honorar. „Was verlangst du für das Coaching?", fragte ich beiläufig.

„Nicht ernst gemeint, die Frage?", schnaubte er ins Telefon, begleitet von einem tiefen Seufzer, als hätte ich ein Schwerverbrechen begangen. „Dreitausend netto. Zahlbar in Vorkasse!"

„Für fünf Coaching-Einheiten?", fragte ich vorsichtshalber nach. Ich hatte mich bestimmt verhört.

„Sofern dir mein Honorar zu hoch ist, brauchen wir gar nicht weiterzureden!"

Martin zeigte sich von seiner unsympathischen Seite. Ich wollte aber ja nichts unversucht lassen.

„Wann können wir anfangen?", entschied ich spontan.

Mutig war ich schon immer gewesen. Naja, wenn's hilft ... Ich konnte in der Firma ja nicht ständig mit der Ausrede daherkommen, ich hätte mir den Magen verdorben, wenn ein gemeinsames Essen anstand. „Alles in Ordnung mit dir,

Leonie? Du solltest mal zum Arzt gehen!", hatte Thomas bereits mehrfach besorgt gefragt. Diese blöden Geschäftsessen sind der Graus. Die Sache zugeben? Never! Schwäche zeigen ist nicht. Da nimmt mich hier doch keine Sau mehr ernst, wenn ich in die nächste Verhandlung einsteigen muss. Martin musste es richten. Eine Woche nach Überweisung seines fürstlichen Honorars ging es los.

„Schön, dass du dir gleich kompetente Hilfe holst. Diesen Coaches ist nicht zu trauen. So viel Schwachsinn auf dem Markt", begrüßte er mich, kaum dass ich seinen Coaching-Palast betreten hatte. Wow! Mein erster Blick ging sofort in Richtung Decke. So viel Stuck habe ich bisher nur im Lübecker Dom gesehen. Ich lief ehrfürchtig und wie auf rohen Eiern über den reinweißen Marmorfußboden mit dem Gedanken „Leonie, bloß keine Spuren mit deinen Absätzen hinterlassen! Das kannst du nie im Leben bezahlen". Dann kam mir auf halber Höhe auch schon der gute Martin entgegen. „Hi, schön dich zu sehen", hallte meine Stimme mit dreifachem Echo durch den Palast. Ich blieb erst mal so förmlich wie möglich. Auch, weil ich von den Eindrücken einigermaßen erschlagen war. Ein wenig überpompös, Martins überwiegend in Weiß gehaltene, heilige Hallen. Sicher wollte er den Menschen damit anschaulich visuell vermitteln, dass er der absolute Crack unter den Coaches war. Genauso, wie es auf seiner Website stand. Sollte mir recht sein, dann könnte ich die Sache mit der Essensphobie bald abhaken.
Wir betraten das Beratungszimmer – um die 80 Quadratmeter groß und auch hier überall kitschiger Stuck an der Decke. In der Mitte stand einigermaßen verloren eine Liege herum. Man glaubt es kaum, natürlich in Weiß. Ansonsten gab es hier nicht viel Weiteres zu entdecken, außer einen Schreibtisch aus Glas. Gemütlich ist anders, aber das muss der Martin ja selbst wissen.

„Leg dich bitte auf die Liege und schließe die Augen."
Mir wurde unheimlich bei der Bitte. „Warum?"
Blöde Frage, ich weiß. Aber man wird ja mal nachhaken dürfen bei seiner allerersten Coachingstunde im Leben.
„Boah, Leonie!"
Okay, ich legte mich hin und wartete.
Stille.
„Martin?"
„Pssst!", unterbrach er meine Ungeduld.
Dann aber, au Backe. Dann stellten sich plötzlich furchtbare Dinge heraus.
„Ich kann jetzt alles deutlich sehen", sagte er.
Wie er das machte und vor allem wo, hätte ich in dem Moment zu gern gewusst. Ich hielt in der entscheidenden Phase jedoch lieber den Mund. Nicht, dass ich meine Heilung damit verpatzte.
„Herrje, du musstest sehr viel erleiden, Leonie … sehr viel", murmelte er und wirkte wie in Trance.
Ich wollte gerade schon antworten: „Ja, vor allem, als Papa mir mit sechs das Eis nicht gekauft hat, als wir auf dem Rummelplatz waren. Das war echt krass", doch Martin sah wohl entscheidend mehr als ich. Wir beamten uns dazu weder auf den Rummelplatz und auch nicht zu Herrn Sockitt. Nein, plötzlich standen wir im Mittelalter, der Martin und ich. Mitten auf irgendeinem Platz wurde ich bestialisch ermordet. Sogar mehrfach! Seine Gesichtszüge entglitten.
„Boah, Leonie, das ist furchtbar!"
Konnte ich total nachvollziehen, denn ermordet zu werden, ist für niemand toll.
„Stopp! Da ist noch was!"
Opps, es ging noch weiter. War ja spannender als jeder Hitchcock-Film. Ich mag diese alten Schinken.
„Deine Geburt, Leonie, deine Geburt", schrie er und war außer sich vor Schrecken.

„Sorry, Martin, an die kann ich mich leider nicht mehr erinnern", versuchte ich enthusiastisch zu meiner Heilung beizutragen.

„Nicht reden jetzt!", kriegte ich dafür sofort einen Anschiss. Ich dachte angestrengt an meine Geburt zurück und war fest entschlossen, die Einzelheiten gedanklich erneut durchzuspielen. Es wollte mir partout nicht gelingen. Mir fielen dabei nur die Erzählungen einer Freundin ein. Sie hat vor kurzem ein süßes Mädchen mit den süßesten schwarzen Löckchen zur Welt gebracht, das ich je gesehen habe. Sie weiß daher definitiv und auch aus anderer Perspektive Bescheid. Es tat wohl sehr weh. Vielleicht war das bei meiner Geburt auch so gewesen.

„Da kann man ja nur phobisch werden!", schloß Martin seine Gedankengänge ab. Jedenfalls sei im Endergebnis klar, dass sich in mir mindestens hundert Traumata befänden, argumentierte er weiter. So langsam legten sich auch seine entgleisten Gesichtszüge wieder. Der arme Martin, musste wegen mir so leiden jetzt.

„Martin, ich hätte da noch eine Frage", versuchte ich einen erneuten Anlauf. „Ich dachte, es geht um Herrn Sockitt?" Entsetzte Blicke in den Augen des Cracks. „Willst du dein Problem nun loswerden oder nicht? Dann vertraue mir bitte und lasse deine Zweifel los!" Gerade, als ich überdachte, ob ich das wohl hinkriege, brach die finale Coaching-Keule über mich herein: „Die Menschen sind außerdem noch nicht im Licht." Hä? Welche Menschen und welches Licht? „Was meinst du, Martin?" Ja, sorry, ich kannte bis dato halt nur das normale Licht, das aus der Lampe kommt, wenn man diese anknipst. Eine enorme Wissenslücke, wie ich feststellen durfte, denn bei Martins Licht handelte es sich um das im Himmel. Dafür gab es keine Schalter, dafür aber Fahrstühle.

„Weißt du, Leonie", fing er an zu erklären. Und das in einem Ton, als wolle er einer Fünfjährigen die Elektrizität nahebringen. „Wenn ein Mensch stirbt, steigt er in einen Aufzug Richtung Himmel."

Den Aufzug müsste Herr Sockitt also kennen, mutmaßte ich. Ich überlegte angestrengt, ob er mit oder ohne Zollstock da hochgefahren war. Martin unterbrach mich bei meinen Gedankengängen, bevor ich zu einem Ergebnis kommen konnte.

„Der Aufzug führt direkt in das Licht im Himmel."

Wow, das war ja ein Ding! Doch die Sache war noch viel spaciger.

„Manchmal drücken die Menschen versehentlich das falsche Knöpfchen oder haben keine Lust auf den Himmel. Dann hält der Aufzug an der falschen Stelle an und die verlorenen Seelen landen statt im Himmel mitten in dir."

Potzblitz! „Auch Herr Sockitt?", fragte ich perplex.

„Unter Umständen ja, das lässt sich nicht genau feststellen. Jedenfalls müssen wir diese Menschen unbedingt dazu kriegen, wieder in diesen Aufzug zu steigen und weiterzufahren. Weil sie sonst mächtig Schaden in dir anrichten."

„Hast du mal einen Schluck Wasser für mich?"

In meinem Kopf herrschte heilloses Durcheinander. Mein Hirn raste im Zeitraffer vom Mittelalter bis zu meiner Geburt und von dort aus direkt im Fahrtstuhl zu Herrn Sockitt hinauf.

„Es gibt enorm viel aufzuräumen in deiner Seele", kommentierte Martin die Sachlage abschließend.

Spätestens zu dem Zeitpunkt war mir klar, dass nicht ich einen an der Waffel habe, sondern der Martin – verwandtschaftliche Verhältnisse hin oder her. Da aber bereits ein recht hoher Betrag in seine Richtung geflossen war, wollte ich die Sache keinesfalls vorzeitig abbrechen. „Und was machen wir jetzt?" Diese Frage dürfte nach den ganzen Dramen ja wohl erlaubt sein.

„Kein Problem, Leonie. Dafür habe ich die Coaching-Methode CRACKER-JOURNEY erfunden."

Na, dann!

„Dafür wurde ich letztes Jahr sogar ausgezeichnet!" Bei der Feststellung grinste er stolz bis hinter beide Ohren.

Beim Stichwort Auszeichnung fiel mir sofort die legendäre Anekdote ein, als ich 13 war. Unsere Familie spricht heute noch davon. Außer kommunikativ war ich ebenso kreativ. Also bastelte ich mir kurzerhand einen Orden, der so echt aussah, dass mein Vater tatsächlich darauf reinfiel. Er dachte, das Ding wäre mir vom Vorlesegremium deutscher Gymnasiallehrer verliehen worden. Erst Jahre später klärte ich den Streich auf. Danach war Vati echt sauer.

„Stell dich direkt vor mich!"

Martin riss mich aus meinen Erinnerungen. Oh, es schien noch weiterzugehen. Bitte keine Morde mehr und die Fahrstühle auch weglassen! Mit denen fahre ich nicht so gern. Ich nehme grundsätzlich lieber die Treppe.

„Ich werde jetzt einige Sätze in exakt festgelegter Tonalität sprechen. Bitte unterbrich mich nicht, sonst kann die Methode nicht wirken."

Viele Fragezeichen formierten sich in meinem Kopf. Und alle verlangten nach einer Antwort: Was zum Henker sollte der Schwachsinn? Bevor ich die passende Erklärung finden konnte, übermittelte mir Martin einige Übungen für den Alltag zu Hause. Ganz schön viel, was ich da parallel beachten sollte: morgens, mittags, abends und sogar mitten in der Nacht. In Sekundenschnelle kalkulierte ich meinen Tagesablauf neu durch. Dabei kam ich zum Ergebnis, dass ich zukünftig mit 4 Stunden Schlaf würde auskommen müssen. Anders war das straffe Zusatzprogramm niemals zu stemmen.

Vier Wochen später – wir sind im Jetzt angekommen. Trotz Martins Super-Coaching stehe ich gerade vor exakt demselben Problem. Ich sitze in meinem Büro und atme recht angestrengt bei dem Gedanken, dass es gleich wieder losgeht zu Mister Li-Wang und seinem Schmorbraten.

Alles ist möglich – echt jetzt?

„Wir müssen los!" Thomas reißt die Tür zu meinem Büro auf und mich voll aus meinen Gedanken. Er ist offensichtlich in Eile. Als einer von diesen ganz überpünktlichen Menschen kreuzt er zu Terminen meist eine Viertelstunde früher auf. Dazu kalkuliert er etwaige Staus auf dem Fahrtweg mit ein, außerdem einen eventuellen Vulkanausbruch oder eine Überflutung der Innenstadt. Meine Phobie begrüßt mich derweil nett mit den Worten: „Hallöchen, da bin ich wieder." Ich spüre erste Schweißperlen auf meiner Stirn.

„Geh du schon mal mit den anderen nach unten. Ich komme nach."

Thomas wundert sich über dieses Ritual überhaupt nicht. Er hat eine Menge Erfahrung mit Frauen, da er gleich mit dreien davon seinen Alltag teilt: mit Gattin Helga plus zwei erwachsenen Töchtern. Nerven wie Drahtseile, der Thomas.

„Kein Problem, Leonie!", und schon ist er wieder weg.

Dafür, dass er es extrem eilig hat, wirkte er bei meiner Aussage erstaunlich ruhig. Aufgrund des Frauenüberschusses zu Hause kennt er die Prozedur aus dem Effeff, dass eine Frau vor Abfahrt egal wohin noch mal aufs Örtchen muss. Sich darüber aufzuregen, verlängert die Sache nur unnötig. Als Mann hast du daher keine Chance, als es einfach hinzunehmen. Ein männliches Wesen könnte die Wichtigkeit dessen auch nie nachvollziehen. Rein genetisch bedingt. Lippenstift nachziehen, Rouge nachbessern, Nase pudern, Frisur prüfen und all so Zeug. Das muss einfach sein! Und natürlich ein letztes Mal Pipi machen vor Abfahrt. Im Moment tupfe ich mir auf dem Örtchen jedoch eher die vor Angst nass geschwitzte Stirn trocken. Gar nicht gut für mein Make-up. Schweißperlen ruinieren das sofort. „Leonie, ganz ruhig. Du gehst nur essen", rede ich mir gut zu. Ein netter Versuch, über den mein Inneres nur lachen kann. Entweder will es mich nicht verstehen oder kann es nicht. Das halte ich beides für relativ ausgeschlossen, denn irgendwie sind wir ja dieselbe Person.

Instinktiv atme ich tief in den Bauch. Zehn Minuten später stehe ich immer noch vor dem Spiegel und atme. Dabei schaue ich mein Spiegelbild an und hätte große Lust, der Frau darin eine ordentliche Backpfeife zu verpassen. Vielleicht hilft die Erschütterung ja, die fehlgeleiteten Gedanken und Emotionen wieder in die passende Richtung zu befördern. „Leonie, mach hinne, unten warten alle auf dich", murmelt die Vernunft. Ich tupfe meine Stirn letztmalig mit einem Papiertuch trocken und mache mich dann auf den Weg. Zu Mister Li-Wang, seinem Schmorbraten und dem teuren Sterne-Restaurant, in dem ich gleich sitzen werde.

„Welcome to Germany, Mister Li-Wang. We look forward to welcoming you as our guest and hope you had a pleasant flight." Die übliche Einschleim-Zeremonie beginnt. Kollege Moritz ist besonders gut darin, ich halte mich dagegen im Hintergrund. Ein Ober in adretter Kleidung und mit allerbesten Manieren begleitet uns zu Tisch. Manieren zu haben, finde ich schon wichtig. Nichts ist schlimmer, wie wenn du im Drogeriemarkt einkaufen bist und die Lady an der Kasse laut schmatzend an einem Kaugummi kaut, während sie dir den Kassenbon rüberreicht. Wir dürfen an unserem üblichen Tisch Platz nehmen.
„There you go", nuschelt Mister Li-Wang, während er mir meinen Stuhl zurechtrückt. Ich kann ihn kaum verstehen. Abgesehen von seiner Aussprache bringt er ganz gern auch die Inhalte durcheinander.

„Thank you", bedanke ich mich höflich. Damit kann man nichts falsch machen.

Wie immer platziert sich Mister Li-Wang links von mir. Ein zusätzliches Hindernis für mich, da ich auf dem linken Ohr etwas schlecht höre. Ein angeborener Hörfehler, wie man mir vor über zehn Jahren diagnostizierte. „Sie brauchen ein Hörgerät", teilte man mir damals mit. Ich schaute den Arzt nur entsetzt an und verließ schweigend die HNO-Praxis. Seitdem habe ich sie nie wieder betreten. Ich und ein Hörgerät? Auf keinen Fall, wie bescheuert sehe ich denn damit aus? Da höre ich lieber schlecht und habe inzwischen meine Tricks, dennoch im Alltag zurechtzukommen. Bei den verhassten Essens-Zusammenkünften habe ich mir angewöhnt, meinen Stuhl leicht nach links zu drehen. Meine rechte Ohrmuschel befindet sich durch diese Drehung in optimaler Ausrichtung. Sie fängt sämtliche Schwingungen des Mister Li-Wang perfekt auf und leitet diese an mein Hirn weiter. Das hat dennoch manchmal Probleme, ihn in allen Belangen zu verstehen. Aus Gründen! „Schmorbraten mit Knödel" allerdings bestellt er immer auf Deutsch. Klingt lustig.

Die Schweißperlen kehren zurück, dann wird mir speiübel. Ich habe einigermaßen Angst um meinen Erdbeerkuchen, den ich des Nachmittags noch mit Genuss verspeiste. Er würde sich nicht wirklich elegant in die hübsche Tischdekoration einbetten. Zumal er rückwärts gegessen weniger appetitlich aussieht als im Originalzustand. Dann serviert uns der nette Herr Ober auch schon das Essen. Der Duft des Schmorbratens links von mir vermischt sich mit dem des Fischfilets zu meiner Rechten auf undefinierbare Weise. „Enjoy your meal! Good Appetite", wünschen sich die Herren gegenseitig. Ich nicke nur und rede mir und meinem Erdbeerkuchen gut zu: „Lieber Erdbeerkuchen, bitte tue mir den Gefallen und bleibe an Ort und Stelle." Besser wäre wohl gewesen, meinem

Magen gut zuzureden, doch in meiner Panik vergesse ich das glatt. Während die anderen genüsslich ihre Teller leeren, stochere ich zitternd in meinem Salat herum. Dann wird es brenzlig. „Excuse me for a moment", bringe ich gerade noch über meine Lippen und eile dann auf die Toilette.

Dort angekommen, checke ich erst mal die Lage. Puh, ich bin alleine, gut so. Ich atme erneut tief durch. Mein Magen findet das ganz gut und kriegt sich langsam wieder ein. Vermutlich gibt es hier einen logischen Zusammenhang mit der Panik, denn die verschwindet relativ zeitgleich mit der Übelkeit. Da erst merke ich, wie hungrig ich eigentlich bin. So sehr, dass mir die Hände zittern. „Leonie, du hast keine Angst, mit dem Rucksack und fünf anderen wildfremden Menschen zu einer Expedition in den Dschungel von Papua-Neuguinea aufzubrechen. Und auch nicht davor, dich aus 3.000 Metern mit einem Fallschirm auf dem Rücken aus einem Flugzeug zu stürzen. Kriegst dann aber keinen Bissen Essen hinunter in einer völlig harmlosen Situation? Hey, was stimmt denn nicht mit dir?", frage ich mich. Nebenbei krame ich in meiner Handtasche. Meist habe ich für Notfälle eine Banane darin deponiert. Die rettet mir jetzt quasi das Leben. Zumindest gefühlt. Schon grotesk, da bin ich im Sterne-Restaurant zugegen. Draußen die köstlichsten Gaben, von denen ich kein einziges Gäbelchen verspeisen kann. Wegen der Männer, die bei mir am Tisch sitzen. Und dann verbarrikadiere ich mich hier in Panik auf der Damentoilette, um im Anschluss notfallmäßig mit einer Banane meinen Blutzuckerspiegel wieder in Ordnung zu bringen. Ich will gerade meine Bananenschale unauffällig im Mülleimer versenken, als mein Handy klingelt. Mutti ist dran.
„Leonie, hast du was gegessen?"
Ohne Begrüßung gleich mal in die Vollen. Ja, so kennt man Mutti.

„Ich melde mich später", hauche ich in den Hörer und habe auch schon aufgelegt sowie die Bananenschale entsorgt. Gerade noch rechtzeitig, bevor zwei Damen den Weg aufs Örtchen finden. Um die fünfzig und aufgetakelt, als würden sie gleich über den roten Teppich schreiten wollen.

„Der Tenor neulich in der Oper war wirklich sensationell, Ruth. Das musst du …" Die Dame bricht ihren Redeschwall mitten im Satz ab. Sie rümpft ihre viel zu stark gepuderte Nase bedenklich: „Riechst du das auch, Ruth? Es müffelt nach Banane!" Ich entferne mich unauffällig vom Tatort.

Seit ich Mutti letzte Weihnachten mein Problem gebeichtet habe, dreht sie am Rad. Sie neigte schon immer dazu, ihr Nesthäkchen mit Überfürsorge zu ersticken. Wie eine Henne, die sich auf ihr Küken setzt und schön breit die Federn über das arme, kleine Wesen ausbreitet. Und sich danach lebenslang weigert, da je wieder runterzukommen. Hätte ich bloß nichts gesagt! Ich schiebe das auf den Eierlikör. Selbstgemacht! Mutti wollte unbedingt, dass ich nach dem Essen noch ein Gläschen mit ihr trinke. Keine Ahnung, inwieweit ihr das Mischungsverhältnis damals aus den Fugen geraten war. Das Ding hätte selbst einen ausgewachsenen Bären aus den Latschen gehauen. Schon nach einem kleinen Glas wurde ich ungewollt redselig.

„Ach, Muttchen …", fing ich an.

„Der doofe Mister Li … Hicks … Wang! Immer will der essen gehen. Ich kann nix essen, wenn der dabei ist."

Eine Information, mit der Mutti wenig anfangen konnte. Gluckengemäß ging sie der Sache sofort auf den Grund.

„Kindchen, wer ist Mister Li-Wang und seit wann hast du Essprobleme?" Kaum ausgesprochen, wurde ich einer genauen Körperinspektion unterzogen. „Meine Güte, bist du dünn geworden! Kindchen, ich mache am besten nach Weihnachten gleich einen Arzttermin für dich aus."

„Himmelherrgott noch mal! Nein, Mutti!"
Wenn sich zu viele Umdrehungen in meinen Adern drehen auf ihrem Weg durch meinen Körper, verliere ich gern mal die Kontrolle über mein Mundwerk. Und auch sonst über einige andere Körperteile. Ich darf gar nicht an die Weihnachtsfeier vor neun Jahren denken. Wie peinlich! Seitdem bin ich vorsichtig mit Alkohol. Muttchens Eierlikör zeigte sich bisher völlig ungefährlich. Daher hatte ich da auch keine Befürchtungen.

„Ich muss dann mal nach Hause", bestimmte ich kurzerhand, schnappte mir ohne ein weiteres Wort meinen Mantel und die prallgefüllte Weihnachtsgeschenke-Tasche. Schön mit Namensschild versehen, auf dem mir in Großbuchstaben mein Name entgegenprangte. Zusammen mit Muttis heiß geliebten Klebebildchen in Form von Tannenbäumen, Geschenken, Nikoläusen in jeglicher Größe und Farbe. Sie hat für jede Jahreszeit, jeden Anlass und jede Eventualität einen Großvorrat in der Wohnzimmerschublade liegen. Beim Rausgehen steckte sie mir noch schnell sechs Tupperschüsseln mit in die Geschenketasche: vier riesige Rindsrouladen, fünf Speckknödel, ordentlich fette Soße darüber, außerdem drei Stücke Käsekuchen und ungefähr eine Tonne Weihnachtsgebäck. Damit war ich bis mindestens Ostern mit Zuckerware versorgt.
Ich lenke meine Gedanken von Mutti und dem verdammten Eierlikör wieder zu meinem Geschäftsessen. Die Herren sind euphorisch in ein Gespräch vertieft, als ich zurückkehre und mich still und leise auf meinen Platz setze. Ich habe tatsächlich zwanzig Minuten auf der Toilette verbracht. Scheint niemanden gestört zu haben und der Tisch ist bereits abgeräumt. Wer sagt's denn. Meine Phobie freut sich darüber mindestens genauso sehr wie ich. Damit wäre das Essen gemeistert, wenn auch höchst improvisiert. Keiner bemerkte etwas von meinem kleinen Geheimnis und Mister Li-Wang lächelt mir zufrieden zu. Tschakka!

„It was a pleasure for us!"

Moritz mal wieder. Er kann's einfach nicht lassen. Wir stehen zu viert unten am Eingang des Restaurants herum. Mister Li-Wangs Taxi fährt vor, er nickt uns ein letztes Mal zufrieden zu, dann entschwindet er in den Lübecker Abend.

„Tschüss", erwidere ich knapp. Ich kann's kaum erwarten, nach Hause zu kommen und mich aufs Sofa zu fläzen.

„Leonie, das Auto steht da drüben in der Tiefgarage."

Thomas erinnert mich daran, wie ich überhaupt hierhergekommen bin: mit ihm. Also liegt nahe, es auf dieselbe Weise auch heimwärts zu gestalten. Mir wäre allerdings nach etwas Anonymität.

„Danke, ich nehm den Bus!"

Busfahren ist toll. So viele unterschiedliche Leute, die alle einen mehr oder weniger ereignisreichen Tag hinter sich haben. Das fängt schon an der Bushaltestelle an. Ich beobachte die Menschen und frage mich, woher sie gerade kommen und wohin sie gehen.

„Warum denn nicht?", nervt eine junge Frau ihre männliche Begleitung. Offensichtlich ihr Freund.

„Weil ein Sofa aus Echtleder einfach zu teuer ist!"

Es geht wohl um eine kleine Differenz in punkto Möbelanschaffung.

„Hauptsache, du kannst weiter dein Motorrad fahren. Aber ich ... ich darf kein Ledersofa haben!"

Die Stimme der Frau kippt in Richtung schrill und die Stimmung der beiden auch. Der Bus fährt vor. Es scheint, die halbe Stadt möchte sich zur gleichen Zeit von A nach B bewegen. Ich finde gerade noch so im Mittelgang eine freie Stelle, in die ich mich stehend quetsche. An einen Sitzplatz ist nicht zu denken.

„Wollen wir das nachher mal probieren?"

Rechts direkt neben mir tut sich eine weitere spannende

Unterhaltung auf. Eine Frau um die 60, neben ihr ein glatzköpfiger Mann, der aussieht, als habe er zehn Fußbälle verschluckt. Sein Bauch ist beachtlich.

Die Dame schaut ihre Begleitung in Erwartung einer positiven Antwort an.

„Lass uns erst was essen. Dann vielleicht ja."

Ich denke, diese Antwort ist als Highlight zu bewerten. Die Augen der Dame fangen zu glänzen an.

„Aber nicht zu fest, Gerhard. Das tat letztes Mal ein bisschen weh."

„Elfriede, doch nicht hier im Bus!"

Das Gesicht des Mannes läuft rot an.

„Sollen die Leute ruhig mitkriegen, dass wir in unserem Alter noch gerne Sexspiele machen!"

Damit hat die Dame die Aufmerksamkeit des ganzen Busses auf sich gezogen. Sogar die Köpfe aus der ersten Reihe drehen sich neugierig nach hinten.

Wie das Gespräch endet, kriege ich nicht mehr mit. Ich muss aussteigen und laufe in Gedanken versunken zu meiner Wohnung. Vor der Haustür sitzt eine schwarze Katze mit erheblichem Schmusebedarf. Während ich den Schlüssel ins Schloss stecke, streicht sie ständig um meine Füße. Meine weiße Stoffhose sieht danach aus, als wäre ich in ein Fass mit Tierhaaren gefallen.

Schuhe aus, Jacke aus, Hose aus. Mein Sofa ist nicht aus Leder, aber sehr bequem. Was die Frau an Leder so toll findet, kann ich nicht nachvollziehen. Im Sommer bleibst du mit dem Hintern dran kleben und im Winter fühlt es sich arschkalt an. Da ist mir Stoffbezug viel lieber.

„Leonie, das hast du super hingekriegt", lobe ich mich selbst. Damit meine ich das Essen gerade. Zwischen der nächsten Begegnung mit Mister Li-Wang und mir liegen lange vier Wochen. Sehr viel Zeit also, die ich nicht gedenke, mit Gedanken an diese unschöne Tatsache zu verschwenden. Ich kuschele mich noch tiefer in meine weiche Decke in Übergröße ein und mache den Fernseher an.

Sport im Ersten.

Bergdoktor im Zweiten.

„Martin, du musst sofort kommen, Frau Mergelhuber geht's schlecht!", tönt es aus dem TV. Was mit Frau Mergelhuber los ist, interessiert mich nicht die Bohne.

Auf RTL läuft eine dämliche Show.

Auf SAT 1 ein dämlicher US-Film.

Auf VOX ein extradämlicher Modelwettbewerb.

Erst auf WDR werde ich fündig und lasse mich von einem deutschen Thriller in den Schlaf „thrillern". Ob das jetzt ein Qualitätsmanko bedeutet, weiß ich nicht. Vermutlich bin ich einfach nur sehr müde. Ich schlafe nach fünf Minuten ein und bekomme daher nicht mal mehr mit, worum es genau geht in diesem Film. Mein Unterbewusstsein fühlt sich thematisch davon scheinbar so angezogen, dass es mir einen hauseigenen Thriller vorspult. In meinen Träumen schickt es mich umgehend auf eine Motivationsveranstaltung von Bert Lautenschreier.

Bert ist sozusagen ein Kollege von Martin und zieht als Motivationsredner durch die Lande. Zufällig kam ich auf dem Nachhauseweg vom Restaurant an einem großen Plakat vorbei. Ich stand gelangweilt an einer roten Fußgängerampel herum und wartete darauf, dass sie auf Grün springt. Da fiel mir direkt hinter der Ampel dieses Plakat auf. Bert lud darauf am kommenden Samstag zum Motivations-Vortragsabend ein. Ich hatte bereits das Vergnügen mit derlei Veranstaltungen. Zwar nicht bei Bert, aber mehr oder weniger laufen die ja ähnlich ab: „Alles ist möglich, du kannst alles schaffen!", rufen sie dabei laut ins Mikrofon. Sie sind extra dafür ausgebildet worden, für eine Mords-Stimmung zu sorgen. Das ist wichtig bei solchen Events. „Schaut mich an. Vor drei Jahren noch lebte ich von der Hand in den Mund. Job weg, Frau weg, Existenz weg. Und nun? Ich hab's geschafft und verdiene Millionen." Dabei stellen sie sich extra in Siegerpose vor ihr Publikum hin. Ganz klar deshalb, weil sie ja Sieger sind. Jedenfalls sagen sie das. Und ich könne das auch. Dazu gibt es diese Veranstaltungen und natürlich im Nachgang hochexklusive Coachingangebote. Martins Preise sind ein Scheiß dagegen. Jedenfalls kannst du gar nicht anders, als mit einem rauschigen Hochgefühl von so einem Abend nach Hause zu gehen. Sämtliche Hormone in deinem Körper drehen am Rad, weil sie in dreifacher Potenzierung durch deine Adern fließen. In dem Zustand bist du selbstverständlich überzeugt, alles zu schaffen. In einer solchen blinden Euphorie glaubt auch ein Ackergaul, dass er fliegen kann. Aber das nur am Rande. Da sich jedes Hormon irgendwann wieder beruhigt, kehrt alsbald Ruhe in deinen Blutbahnen ein. Alles fließt in normaler Dosis da durch, auch in der Region deines Hirns. Spätestens dann merkst du: Mist, ich krieg das einfach nicht so hin wie der Bert.

Mit der nächtlichen Filmauswahl bin ich null einverstanden. Meist habe ich da aber rein gar nichts mitzubestimmen und mein Unterbewusstsein ist ja sowieso sehr exotisch drauf. Schon allein wegen der Essphobie. Die hat allerdings erst mal Pause, denn mein hauseigener Motivations-Guru-Traum nimmt volle Fahrt auf: Ich finde mich darin also mit tausenden anderen Menschen beim legendären Bert wieder. Auf dem Plakat stand, er sei der Beste im ganzen Land. Wer zum Henker das bestimmt, möchte ich gern mal wissen.
Ich stehe in Reihe eins, habe also freie Sicht auf Bert. Dabei fällt mir auf, dass seine Zähne unecht sein müssen. Kam mir schon auf dem Plakat komisch vor. So weiße, akkurat gerade Zähne hat doch kein Mensch. Das macht ihn nicht

unbedingt sympathischer. Zumal er sie ganz gerne vorzu-
zeigen scheint. Denn wenn er nicht gerade spricht, grinst er
so breit übers Gesicht, dass man dabei bis hinten zum 17er-
Backenzahn schauen kann. Bestimmt sauteuer gewesen, die
Beißerchen. Eine rothaarige Dame neben mir fällt plötzlich
in Ohnmacht. Ob das an Berts Sprüchen oder an seinen Zäh-
nen liegt, kann ich schlecht beurteilen. Es ging einfach zu
schnell. Bert schaut mich nun direkt an, fast hypnotisierend,
und ruft laut ins Mikrofon: „Leonie, wehre dich nicht länger
gegen mich."
Ich denke mir: „Hä, was will der Typ von mir?", und zeige
ihm den Stinkefinger.
So was lässt sich kein Sieger gefallen. Drei Ordner begeben
sich dezent in meine Richtung. Alle mindestens zwei Meter
groß und Schultern wie Arnold Schwarzenegger in seinen besten Zeiten. Sie fischen mich aus der Masse und geleiten mich
zum Ausgang.
„Ich wollte sowieso gerade gehen", rufe ich zu Bert auf die
Bühne.
Seine Antwort kommt leider nicht mehr bei mir an. In dem
Moment wache ich auf. Ich war selten so erfreut wie in dieser
Sekunde, das Ende eines Films verpasst zu haben.

Ich schwinge sogleich meine Beine vom Sofa und schaue mich
kurze Zeit später im Badezimmerspiegel an. Meine blonden
Locken stehen mir auf allen Seiten vom Kopf ab. Das würden
alle Locken tun, wenn sie so einen blöden Traum hinter sich
hätten. Dabei kommt mir der Gedanke, dass es mal wieder
Zeit wird für einen Mann in meinem Leben. Findet auch Mutti, die mir damit ständig in den Ohren liegt.
„Leonie, wie findest du Knut? Du weißt doch, der Sohn von
Maria. Maria ist die Schwester von Bäcker Müller in der Höl-
derlinstraße. Ich könnte ihn mal zum Essen einladen. Nächsten Samstag vielleicht?"

„Ganz bestimmt nicht!", wende ich die Tragödie ab, bevor sie richtig in Gang kommen kann.

Mein letzter Freund war ein Reinfall hoch zehn. Auch wenn ich mir den selbst ausgewählt hatte. Muttis Protagonist würde das mit Sicherheit toppen. Ich kenne Mutti. Nachher habe ich einen Typ à la Nerd auf dem Stuhl neben mir sitzen. Mit kariertem Pullunder und Nickelbrille. Mutti ist alles zuzutrauen. Die Farce mit Nils wiederum liegt jetzt schon ein halbes Jahr zurück. Rein statistisch gesehen ist es zwar unmöglich, dass alle Männer im geschlechtsreifen Alter identisch drauf sind wie er. Dennoch wollte ich erst mal eine Zeit lang nichts mehr von diesen Kerlen wissen. So langsam, ach, meine Gedanken schweifen ab und mein Herzchen klopft lauter als sonst. Ich glaube, ich wäre dann wieder bereit für einen Mann. Ich stelle mir einen Typen so Mitte dreißig vor. Schlank, dunkelhaarig, keine Kinder und vor allem ohne größere psychische Schäden. Das ist mir echt zu anstrengend.

Das Abenteuer mit Nils entpuppte sich bereits nach kurzer Zeit zur Tragödie mit deutlichen Anteilen einer Komödie. Man stelle sich vor: ein 185 Zentimeter großer Hüne. Durchtrainiert bis in die letzte Zelle, Waschbrettbauch inklusive. Nicht, dass ich unbedingt auf so etwas stehen würde. Aber wenn ich es gratis mitgeliefert kriege, sage ich natürlich nicht nein. Und dann hat dieser Typ Komplexe wegen seines Äußeren.

Wir trafen uns zufällig als Fußgänger an einer roten Ampel. Diese roten Ampeln werden mir scheint's zum Verhängnis. Die Ampel hatte offensichtlich einen technischen Defekt. Jedenfalls standen wir Fußgänger nach knapp drei Minuten immer noch da und warteten auf das grüne Signal. Da kann man schon mal ins Gespräch kommen über diese Technik – und andere Dinge.

„Immer noch Rot. Kann ja nicht sein", sagte er.

„Ne, kann echt nicht sein", antwortete ich geistreich.

„Was mit der Ampel wohl los ist?"

„Ich weiß auch nicht, was mit ihr los sein könnte."

Mit technischen Dingen bin ich schon seit Kindheitstagen überfordert.

„Übrigens, ich bin der Nils."

Erst da erkannte ich, dass seine Augen verdammt blau waren. So ein richtig schönes Stahlblau, als wäre er ein Abkömmling des Terence Hill.

„Cool, hallo Nils, ich bin Leonie." Mehr fiel mir dazu nicht ein. Mein Herz setzte aus.

„Und was machst du so?", bohrte er weiter.

„Och, ich will da rüber zum Fitnessstudio." Meine zweite Stunde dort, das band ich ihm natürlich nicht auf die Nase.

„Klasse, da haben wir ja ein bisschen was gemeinsam. Ich bin Gewichtheber und trainiere auch regelmäßig", erklärte er stolz.

Das hätte er mir nicht groß sagen müssen. Seine Körperkonturen unter seinem Hemd sprachen Bände.

„Magst du mir deine Nummer geben?"

Mein Inneres jubelte laut Ja. Ich hasse es, wenn Männer mit belämmerten Anmachsprüchen daherkommen und meinen, sie könnten damit bei mir landen. Da kann man doch gleich direkt fragen. Nils imponierte mir entsprechend sofort. Nicht nur wegen seiner blauen Augen und den Muckis. Zwei Tage nach dieser Begegnung saßen wir zusammen im Café und schlürften genüsslich unseren ersten gemeinsamen Caffè Latte. Es endete damit, dass er mit zu mir kam.

Wir torkelten knutschend zur Tür rein. Torkelnd natürlich vor Leidenschaft, denn Alkohol hatten wir keinen getrunken. Auch besser so. Er fummelte mir meinen Pulli vom Leib. Dieser landete irgendwo auf dem Esstisch zwischen Tageszeitung und meiner noch nicht abgeräumten Kaffeetasse. Wie gut, dass ich an dem Tag meine schicke schwarze Unterwäsche gewählt hatte. Sie harmoniert mit meiner Hautfarbe besonders gut.

„Leonie", stöhnte er zwischen zwei Küssen.

Ich wiederum konnte nicht sprechen, da ich damit beschäftigt war, den verdammten Reißverschluss seiner Jeans zu suchen. Bis ich dann auch mal merkte, dass seine Hose mit Knöpfen versehen war. Egal wie, irgendwann stand ich nackig vor ihm. Der Nils noch nicht ganz. Er hatte nach wie vor seine Unterbuchse an. Und als hätte er sich mit mir abgesprochen: ebenso in Schwarz.

„Stopp", rief er hektisch.

Ich dachte mir noch so: „Huch, was hat er denn?"

Danach raste er zum Fenster. Wir waren inzwischen bis zu meinem Schlafzimmer vorgedrungen. Ich, schon total in Wallung, verstand gar nicht, was los war. Danach griff er zum Rollladengurt und ließ den Rollladen mit einem solchen lauten Knall runter, dass danach bestimmt die ganze Straße Bescheid wusste, was gerade bei mir abging. Damit war es, den Gegebenheiten geschuldet, stockdunkel im Zimmer.

„Nils, wo bist du?", fragte ich hilflos.

„Hier, mein Schnuckelhase", hörte ich eine Stimme vor mir. Wenn ich nicht bereits so wuschig gewesen wäre, hätte ich an der Stelle sofort abgebrochen. Schnuckelhase werde ich nicht so gern genannt. Auch nicht im Liebesrausch. Ich ging drei Schritte nach vorne. Ungefähr da vermutete ich mein Bett.

„Autsch!"

Ein Schritt zu viel. Insofern war die Dunkelheit von Vorteil, damit Nils mein bestimmt schon blau werdendes Schienbein nicht sehen konnte.

Endlich war es so weit. Der Schnuckelhase hatte ins Bett gefunden und der Nils indes aus seinem Schlüpper heraus. Weitere Gedanken zu alledem machte ich mir erst mal nicht. Wenn die Wallung gar so groß ist und das letzte Mal außerdem schon ziemlich lange her, bist du als Frau einfach nicht mehr Herr deiner Sinne.

„Du fühlst dich gut an", raunte ich meinem Lover ins Ohr. Mangels Licht erkundete ich seinen Körper mit meinen Händen. Und was sie zu fühlen kriegten, gefiel mir außerordentlich. „Ohaaaaaa!", entsprang es meinem Munde, als ich bei meiner Entdeckungsreise an einer besonders intimen Stelle angekommen war. Alles Weitere genoss ich im Fortgang schweigend und danach lagen wir eng umschlungen in meinem Bett. Ich war schon ein bisschen verliebt. „Nils, können wir jetzt vielleicht mal das Licht anmachen?", fragte ich und suchte nach dem Schalter meiner Nachttischlampe.

„Moment", rief er panisch und zog sich akribisch die Bettdecke bis zum Bauchnabel hoch.

Das fiel mir daher auf, da ich genau im selben Moment den Lichtschalter gefunden hatte. Wir trafen uns danach noch ein paar Male. Immer derselbe Ablauf, wenn es intim wurde. Es musste für ihn stockdunkel dazu sein. Bis mir Nils eines Tages ein Geheimnis verriet.

„Leonie, ich habe Komplexe."

„Weswegen?"

„Wegen meinem Ding!"

„Welches Ding meinst du?"

Manchmal bin ich leicht begriffsstutzig. An seinem Ding war rein gar nichts auszusetzen. Woher sollte ich also erahnen, dass diesem Prachtexemplar je ein Komplex entspringen könnte.

„Mein Penis!" Seine Stimme war nur noch ein Hauch. Ich konnte ihn kaum verstehen.

„Was soll mit deinem Penis sein?" Ich verstand das Problem einfach nicht.

„Er ist viel zu klein!"

Die Worte an sich begriff ich recht schnell. Die Bedeutung derer allerdings nicht. Also rein gefühlsmäßig würde ich auf oberen Durchschnitt tippen. Gesehen hatte ich ihn ja noch nicht.

„Mensch, Leonie, ihr Frauen seid da doch immer so anspruchsvoll. Ich habe echt Angst, er könnte dir zu klein sein. Und dann biste schneller weg, als ich schauen kann."

Ich beteuerte ihm, dass ich mit seinem Penis sehr zufrieden wäre. Und mit ihm im Grunde auch. Das sollte als Bestätigung seiner Männlichkeit hoffentlich genügen. Dachte ich mir jedenfalls. Tat es aber nicht.

Die Komplexe gingen dann so weit, dass er mich mit der Zeit zu kontrollieren anfing. Vor allem, wenn ich mit Nadine um die Häuser zog. Mein Handy klingelte dabei fortwährend. Nils rief mich circa 15 Mal in Abwesenheit an. Beim 16. Mal ging ich genervt ran.

„Leonie, bitte verlasse mich nicht", heulte er wie ein kleiner Junge ins Telefon. So laut, dass Nadine erschrocken dreinschaute.

„Tickst du noch ganz sauber? Ich bin mit Nadine etwas trinken. Mehr nicht!"

Als ich kurz vor eins nach Hause kam, wartete er im Hausflur auf mich.

„Leonie, bitte verlasse mich nicht!" Wie eine kaputte Schallplatte, die einen Sprung hat und immer dieselbe Melodie abspielt.

Irgendwann sagte ich tschüss zu Nils sowie seinem besten Stück und gab ihm zum Abschied noch den Rat, sich dringend Hilfe von außen für sein Problem zu suchen.

„Was soll der Scheiß? Ich brauche keine Hilfe. Du bist doch schuld. Weil dir mein Penis nicht groß genug ist!", schrie er und lief dabei vor Wut rot an im Gesicht. Dieses Argument erinnerte mich entfernt an Kevin in der 10. Klasse, deutlich versetzungsgefährdet. Der heulte mir auch die Ohren voll.

Weniger in Liebesdingen, sondern weil er keinen Bock zum Büffeln hatte. Ich sollte ihn von mir abschreiben lassen, weil er lieber mit seinen Kumpels um die Häuser zog, als Hausaufgaben zu machen. Er meinte, es läge an mir, wenn er dann nicht versetzt würde. Bei derlei Dingen bin ich konsequent. Das durfte Kevin erleben und der Nils ebenso. So schnell lasse ich mir die Verantwortung anderer Leute nicht in die Schuhe schieben.

Mein Entschluss steht: Trotz der leidvollen Nils-Erfahrung muss endlich wieder ein cooler Typ her. Seine Penisgröße ist mir wirklich egal. Ich rufe Nadine an, die seit kurzem auch wieder Single ist. Dabei war sie die Hoffnungsträgerin für unsere Eltern, endlich Oma und Opa zu werden. Fünf Jahre verheiratet, in guten Verhältnissen lebend, schickes Häuschen am Stadtrand. Vor allem für Mutti roch das förmlich nach dem ersten Enkel, den sich beide so dringend wünschen. Und dann lässt sie sich mit Ende Dreißig scheiden, während ihr anderes Mädchen Lichtjahre davon entfernt scheint, überhaupt mal in Richtung Ehe zu riechen.
„Nadine, hast du Lust auf ein verlängertes Wochenende im Schwarzwald? Ich habe eben ein Inserat entdeckt für eine Singlereise. Klingt lustig, kommst du mit?", frage ich sie. Da Nadine das spontanste Wesen unter der Sonne ist, sagt sie sofort zu.
„Bis Freitag um zwei. Und nicht verpennen, ne?"
Nadine kommt schlecht aus den Federn. Schon morgens um acht nicht. Bei einer nachtschlafenden Zeit wie dieser hoffe ich, dass sie gleich mehrere funktionierende Wecker neben sich stehen hat. Damit sie die Singlereise ja nicht verpasst. Ich packe gedanklich schon mal meinen Koffer für die Abreise und lasse genug Platz darin, damit für die Heimreise mein Traummann noch mit reinpasst. Für dieses Vorhaben schrecke ich auch nicht davor zurück, mich mit 35 fremden

Menschen in einen Reisebus zu setzen. Dieser soll uns alsbald von Lübeck nach Bad Wildbad chauffieren. Das sind schon mal gute 700 Kilometer, um meinen Traummann ausgiebig kennenzulernen, der dann hoffentlich mit uns im Bus sitzt. Wie gut, dass ich nur in geschäftlichem Zusammenhang mit hochrangigen Persönlichkeiten einen Esstick habe und keine Klaustrophobie. Sonst könnte ich das mit dem Traummann sofort wieder knicken.

„Soll ich eine Flasche von Mamas Eierlikör mitnehmen?", lacht Nadine und beteuert mir, ganz sicher pünktlich am Treffpunkt zu sein.

Immer zu Späßen aufgelegt, die Nadine. Das mag ich so an meiner Schwester.

„Tschüss du Knalltüte. Wir hören uns!"

Ich verabschiede mich von ihr, schiebe meinen Traummann zunächst wieder aus meinem Hirn, das sich jetzt auf diverse Paragraphen zum Thema Wettbewerbsrecht konzentrieren muss. Die Arbeit ruft.

Vier dicke Wälzer liegen ausgebreitet vor mir auf dem Schreibtisch. Darin die kompliziertesten Gesetze der Bundesrepublik. Während ich durch die Paragraphenwelt husche, beiße ich genüsslich von meinem Salamibrot ab. Die Liebe zwischen diesem Snack und mir ist unverändert hoch. Das konnte auch Herr Sockitt nicht verhindern. Übrigens immer noch mit Gurke. Also das Brot, nicht Herr Sockitt. Würde auch komisch aussehen, wie er da oben im Himmel sitzt und mit Gurken garniert Harfe spielt.

Ich studiere gerade § 11 des GWB, als mir auffällt: Salamibrot zu essen, findet mein Unterbewusstsein wohl trotz der Erfahrungen damals völlig ungefährlich. Jedenfalls hatte ich noch nie diese Phobie, wenn ich ein Salamibrot in den Händen hielt. Da kann die halbe Welt neben mir stehen, das juckt mich mal gar nicht. Aber wehe, es wird förmlich, dann fangen sofort meine Hände zu zittern an. Vor allem, wenn Männer mit am Tisch sitzen. Da ich außer clever auch experimentierfreudig bin, will ich die Sache jetzt doch genauer wissen. Obwohl ich ja geplant hatte, mich nicht weiter drum zu kümmern. Vielmehr sollte mir jemand mit viel mehr Ahnung als ich die Phobie gefälligst zackig aus meinem Leben zaubern. Nun fuchst es mich aber doch, der Sache auf den Grund zu kommen. Daher überdenke ich Testphase eins meines Selbst-Experiments.

Dazu verabrede ich mich spontan mit Herrn Keuler aus dem Vertrieb in der hauseigenen Cafeteria. Heute Nachmittag um 15 Uhr. Eine perfekte Uhrzeit für Kaffee und Kuchen. Herrn Keuler kenne ich nicht besonders gut, müsste in einer Sache aber dringend etwas mit ihm besprechen. Wollen wir doch mal sehen, wie sich die Testreihe Apfelkuchen – Herr Keuler – Cafeteria dazu macht.

„Guten Tag, Herr Keuler. Ich möchte Sie bitten, heute um 15 Uhr in der Cafeteria vorbeizukommen. Ich habe eine wichtige Angelegenheit mit Ihnen durchzugehen."

Herr Keuler reagiert perplex. Auf die Idee, dass er meine Bitte missverstehen könnte, komme ich nicht. Ist doch nur eine simple Testreihe, die ich gekonnt mit einem geschäftlichen Gespräch verknüpfe. Ich kann nicht ahnen, dass Herr Keuler das anders deuten könnte. Hallo? Er ist Anfang Fünfzig, ist ein echter Schlacks, hat eine Glatze, die er ständig mit einem Tuch trockentupft, weil ihm vom glattpolierten Scheitelpunkt aus nonstop Schweißperlen über die Stirn laufen.

Entsprechend arglos sitze ich zehn Minuten vor drei in der Cafeteria. Apfelkuchen und Kaffee stehen einsatzbereit vor mir. Pünktlich auf die Minute sehe ich ihn vom Treppenhaus auf mich zukommen. Schnell schaufle ich eine große Gabel Kuchen in mich hinein. Keine Vorkommnisse bis jetzt. Erst als er schwitzend direkt vor mir steht, wird mir anders. Jedoch aus Gründen, die rein gar nichts mit meiner Phobie zu tun haben. Er begrüßt mich mit Handkuss und schaut mich entzückt an. „Hilfe, was ist denn in den gefahren?", denke ich mir erschrocken. Nach wenigen Minuten des gemeinsamen Gesprächs erklärt sich sein Zustand.

„Ich habe mich so gefreut, dass Sie endlich die Initiative ergreifen, Frau Janssen."

„Herr Keuler, bitte setzen Sie sich. Es geht um die Ausschreibung in den Niederlanden", erkläre ich und setze meine Testreihe unbeirrt fort.

Die zweite Gabel Apfelkuchen wandert in meinen Mund. Ist natürlich nicht besonders höflich, einfach anzufangen, bevor mein Gast seine Gaben ebenso auf dem Tisch stehen hat. Scheint ihn überhaupt nicht zu stören. Er hat nur Augen für mich und ich werde bei jeder Kaubewegung von ihm beobachtet. Hardcore-Bedingungen also für mein Experiment. Doch alles in mir bleibt ruhig. Wenn da nicht die aufkommende Beunruhigung wäre, was mit dem sonst so förmlichen Herrn Keuler los ist.

„Frau Janssen, jetzt, wo wir so schön beisammensitzen und Sie den ersten Schritt gemacht haben, kann ich es Ihnen ja sagen."

Der Satz lässt mich aufhorchen. Instinktiv rücke ich einige Zentimeter von ihm weg. Ich setze die Testreihe kurzzeitig aus. Gut so, sonst wäre mir beim nächsten Satz der Bissen im Hals stecken geblieben.

„Ich bin in Sie verliebt, Frau Janssen. Vom ersten Tag an!"

Noch bevor er das letzte Wort seines Geständnisses ausgesprochen hat, finden diverse Schweißperlen tropfend ihren Weg auf den Tisch. Auch wenn sie gut dreißig Zentimeter neben meinen Apfelkuchen auf der Tischdecke landen, ist mir der Appetit vergangen. Verdammt! Da will ich mit einer harmlosen Testreihe den Details meiner Phobie auf die Spur kommen und scheitere schon in der ersten Versuchsanordnung.

„Sehr geehrter Herr Keuler. Das haben Sie gründlich missverstanden. Es geht hier um eine geschäftliche Besprechung. Ich schicke Ihnen Kollegen Maier vorbei. Er wird das Ganze mit Ihnen weiter durchgehen. Und nun entschuldigen Sie mich bitte, ich habe noch zu tun."

Zack, und weg bin ich. Schade um den Apfelkuchen, der war wirklich lecker. Zumindest kann ich nun eindeutig ausschließen, dass mir Süßgebäck in Kombination mit männlichen Kollegen gefährlich werden könnte. Ist ja auch was wert, das zu wissen. Sehr viel lieber wäre mir allerdings, wenn ich endlich irgendwoher einen Experten auftreiben könnte, der dieser Phobie den Garaus macht.

Es ist der Darm, sagt das Pendel

„Probier das doch, Leonie. Meine Nachbarin hatte schon ewig Probleme mit ihrem Magen. Kein Arzt konnte ihr helfen. Erst durch Frau Burgteheide ist sie endlich wieder das blühende Leben geworden."

Nadine und ich sitzen in einer Pizzeria und haben die köstlichsten Pizzen Lübecks vor uns stehen. Außer lecker sind sie außerdem sehr groß. Nadine und ich kennen da nichts. Wir verputzen Mengen, bei denen selbst ein Zweimetermann ins Schwitzen kommt. Unsere Gene sind spitzenmäßig. Vorwiegend diejenigen, die für den Appetit zuständig sind. Unsere Stoffwechsel-Gene halten da super mit. Alles das kann unseren Figuren nichts anhaben. Wir tragen beide Kleidergröße 36.

„Was macht diese Frau Burgteheide genau?", frage ich Nadine.

„Kann ich bitte noch einen kleinen Salat haben?", frage ich danach den Kellner.

„Gemischt?", fragt der Kellner zurück.

„Hast du schon mal was von der Aura-Diagnose gehört?", fragt wiederum Nadine mich.

Jetzt wird's kompliziert. Ich beantworte erst die Frage des Kellners. Das erscheint mir wichtiger. Essen hat einfach Priorität.

„Was für `ne Diagnose sagtest du?" Noch nie gehört.

„Aura-Diagnose. Das macht die Frau. Einige andere Dinge glaub auch. So genau kann ich's dir leider nicht sagen. Nur halt, dass meine Nachbarin ganz begeistert ist."

Klingt spooky, aber auch verlockend. Ich gehe dahin und

komme wie Frau Nachbarin als neugeborener Mensch zurück. Okay, ich werde es ausprobieren.

„Hast du die Telefonnummer?"

„Nö, aber krieg ich raus!"

Mein Salat kommt, die leeren Pizzateller wiederum gehen mit dem Kellner gemeinsam in die Küche und während ich meinen Salat esse, fällt mir ein, dass ich danach eigentlich noch einen Nachttisch verputzen könnte. Zur Feier des Tages. Denn wenn Frau Burgteheide so gut ist, wie die Nachbarin sagt, bin ich bald schon geheilt.

„Kennt die sich auch mit Phobien aus?"

Es lässt mir keine Ruhe.

„Leonie, wie ich schon sagte. Keine Ahnung. Ruf an und frag sie einfach."

Klingt logisch. Und genau so werde ich das machen. Auch wenn das Leistungsangebot der Dame etwas esoterisch anmutet. Im Land der Esoterik war ich bisher nicht. Da ich aber grundsätzlich abenteuerlustig bin, mache ich mich gern auf in fremde Gefilde.

Nadine und ich verlassen die Pizzeria. Wenn ich richtig sehe, habe speziell ich am heutigen Abend einen Rekord aufgestellt. Der Kellner nannte mich zum Abschied „Nimmersatt". Das aber so liebevoll, dass ich ihm nicht böse sein kann.

„Tschau, Leonie. Ich drück dir die Daumen mit Frau Burgteheide!"

Zwei Tage später. Ich stehe bei Frau Burgteheide vor der Tür. Ihre Praxis, oder wie soll ich das jetzt nennen, liegt vor den Toren Lübecks. Ich musste dazu zuerst in einen Waldweg abbiegen und fragte mich dabei, ob es hier überhaupt noch Zivilisation gibt. Mein Navi beharrte eindringlich darauf. Also fuhr ich immer weiter und tiefer hinein in den Wald. Spontan erinnerte ich mich dabei an Rotkäppchen und den bösen Wolf. Das Märchen hatte mir Mutti als Kind hundertfach vorgelesen. Seitdem halte ich mich bevorzugt eher in den Bergen oder am Meer auf. Der Wald und ich werden in diesem Leben keine Freunde mehr.

Am Ende des Weges war ich sprichwörtlich am Ende angekommen: direkt vor Frau Burgteheides Haus, das große Ähnlichkeit mit dem im Märchen hat. Ich parkte unter der größten Fichte, die ich je gesehen habe. Aus ihrer Krone flog ein Waldkauz davon, gerade, als ich die Autotüre abschloss. Das sind ja mal gruselige Vorzeichen. Mir ist unheimlich, als ich am Seil der altmodischen Türglocke ziehe, die am Eingang hängt. Das Geräusch klingt furchtbar.
„Hallo, Sie armes Geschöpf. Ich kann Sie heilen", begrüßt mich Frau Burgteheide unmittelbar, als sie mir die Tür öffnet. Sie wackelt dazu leicht mit dem Kopf. Ihr Brille mit knallgrünem Gestell und riesigen runden Gläsern verdeckt fast ihr ganzes Gesicht. Na, das geht ja gut los.
„Guten Tag Frau Burgteheide", erwidere ich freundlich, obwohl nun auch bei mir was läutet, und zwar sämtliche Alarmglocken.
Ich folge ihr in ihre Gemächer. Im Land der Esoterik riecht es anders, als ich das von mir zu Hause gewohnt bin. Liegt bestimmt an den Räucherstäbchen, die überall vor sich hin schwelen. Eines davon steht im Regal, zwei auf dem Tisch vor uns und weitere zwei auf einem Sideboard. Frau Burgteheide wirkt so, als würde sie von einem anderen Stern kommen. Ich schiebe das auf den intensiven Duft, dem sie den ganzen Tag ausgesetzt ist. Es riecht schon förmlich nach einer anderen Welt, die ich nun auch kennenlernen darf.

Die Heilung beginnt. „Setzen Sie sich, bitte!", weist sie mich an.
Mehr muss ich erst mal nicht tun. Bis jetzt also äußerst unkompliziert, meine Heilung. Direkt neben den Räucherstäb-

chen liegt ein Pendel bereit. Sie nimmt den oberen Faden dessen in ihre großen Hände und lässt es schwingen. Meine Güte, ich sehe erst jetzt, was für riesige Hände die Dame hat. Ich taste mich ungeduldig an die Sache heran.

„Was machen Sie da genau?“

„Pssst!“ Sie schaut mich streng an.

Das kommt mir irgendwie bekannt vor. Ich werde noch hellhöriger, als ich schon bin. Weitere fünf Minuten des Schweigens vergehen.

Dann erklärt sie: „Ich pendle die Ursache Ihrer Phobie heraus.“

„Wieso die Ursache? Die kenne ich doch. Wissen Sie, Herr Sockitt ...“

Weiter komme ich nicht. Frau Burgteheide zeigt sich entsetzt, dass ich ihre Behandlung mit dummen Fragen unterbreche. Sie argumentiert, dass Fragen komplett überflüssig seien. Denn ihr Pendel wäre das schlauste in der weltweiten Pendelfamilie überhaupt.

„Das Pendel lügt nie! Es zeigt immer und bei ausnahmslos jeder Person fehlerfrei an, wo der Schuh drückt.“

Damit ist die Diskussion zunächst beendet. Ich warte entsprechend so geduldig als möglich auf meine Diagnose. Viele Minuten vergehen. Sie pendelt still vor sich hin, während ich den Duft der Räucherstäbchen einatme. Ich fühle mich langsam high.

„Es ist der Darm“, bekomme ich völlig überraschend vermittelt. Dabei wackelt ihr Kopf erneut auf seltsame Weise.

„Der Darm? Wieso der denn? Sind Sie sicher?“

„Ja, sehr sicher, Ihr Darm ist so was von im Eimer. Er muss unbedingt aufwändig saniert werden.“

Meine Diagnose steht somit und der Behandlungsplan in der Theorie auch. Sie muss nur noch die vielen Mittel niederschreiben, die ich mehrmals am Tag einnehmen soll. „Ach übrigens ...“

Hilfe! Was denn noch? Mir wird angst und bange.

„Gifte schlummern ebenso in Ihnen. Die müssen da raus!",
beendet sie ihr Werk. „Machen Sie sich keine Sorgen, wir
kriegen das hin", ermuntert sie mich. Vermutlich ist ihr aufgefallen, dass ich nun doch etwas unruhig auf meinem Stuhl hin
und her rutsche. „Wenn der Darm wieder in Ordnung kommt
und die Gifte verschwinden, verschwindet auch die Phobie."
Mit dieser Feststellung beugt sie sich mitsamt ihrer üppigen
Oberweite zu mir herüber und drückt mir die Einnahme-An-
weisungen der vielen Mittelchen in die Hand.

Jetzt, wo Frau Burgteheide wieder milder gestimmt ist, will
ich ihr die Laune gewiss nicht verderben. Doch das alles
kommt mir trotzdem etwas abwegig vor. Ich äußere erneut
leichte Zweifel und bringe Frau Burgteheide damit auf 180.

„Niemals irrt mein Pendel!" bekräftigt sie unter Hochdruck.
Sie legt sich mächtig ins Zeug, mich von ihrem 1A Pendel
zu überzeugen. Da ich mich im Land der Esoterik überhaupt
nicht auskenne, entscheide ich, es trotz meiner Zweifel zu probieren. Und ich dachte immer, Herr Sockitt wäre das Problem.

Mein Zuhause sieht sehr verändert aus, seitdem ich bei Frau
Burgteheide zugegen war. Meinen Esstisch kann ich nur noch
in einem winzigen Areal fürs Essen nutzen. Den Rest darauf
brauche ich, um meine vielen Fläschchen und Döschen zu
deponieren – die Wunder-Medikamente für meine Heilung.
Das stellt mich vor echte logistische Herausforderungen, da
ich diese auch immer mit ins Büro schleppen muss. Ich nehme
akribisch alle so ein, wie es auf Frau Burgteheides Liste steht.
Da bin ich sehr pflichtbewusst.

Nach vier Wochen rufe ich sie erneut an. „Frau Burgteheide,
meine Phobie ist leider noch da", teile ich ihr schonungslos
mit. Jedoch so einfühlsam wie möglich. „Könnte es vielleicht
doch sein, dass Ihr Pendel falsch gependelt hat?" Eine andere
Erklärung habe ich nicht.

Diese Worte hätte ich so nicht wählen sollen. Frau Burgteheide ist außer sich und kommt zu dem für sie einzig denkbaren Schluss: „Sie wollen ja gar nicht gesund werden. Sonst hätten sie alles so gemacht, wie ich es aufgeschrieben habe."
Ähm, so recht komme ich mit der Aussage jetzt nicht mit.
„Habe ich doch, Frau Burgteheide! Exakt so, wie es auf Ihrer Liste stand!"
Nichts als Stille dringt durch meinen Telefonhörer. Nach ungefähr 30 Sekunden hake ich nach. „Frau Burgteheide, sind Sie noch dran?"
Manchmal sind ja auch diese Funklöcher an dieser telefonischen Stille schuld. In dem Fall war es aber Frau Burgteheides Denkapparat. Er suchte nach einer triftigen Erklärung.
„Dann gibt es nur noch eine Möglichkeit: Der Teufel höchstpersönlich wütet in Ihnen. Da kann ich natürlich nicht helfen. Weil der Teufel auf Medikamente mal so gar nicht reagiert. Holen Sie sich Licht in Ihre Aura. Damit machen Sie ihm den Garaus."
Beim Stichwort „Licht" habe ich ein Déjà-vu. Bitte nicht schon wieder diese Sache mit dem Licht. Ob es sich hierbei um dasselbe Licht handelt wie das im Fahrstuhl, ist mir jetzt auch echt schnurz. Ich verabschiede mich schnellstens aus dem Land der Esoterik und werfe im Anschluss sämtliche Tropfen, Tabletten und Globuli in den Müll. Morgen geht's nach Bad Wildbad. Ich lege das Lebensprojekt „Phobie vertreiben" zunächst auf Halde und erhole mich im schönen Schwarzwald von dieser anstrengenden Esoterik. So jedenfalls mein Plan. Ein taktisch kluger Schachzug, da ich damit ganz nebenbei Lebensprojekt zwei ins Rollen bringen kann: einen Mann fürs Leben zu finden.

Immer schön dranbleiben!

Es kommt, wie es kommen musste: Im Reisebus nach Bad Wildbad sitze ich ausgerechnet neben einem Lebenshilfe-Coach. Es ist das erste, das er mir und Nadine stolz erzählt: „Gestatten: Wolfgang Dünnbier, Lebenshilfe-Coach aus Flensburg."

Etwas übermotiviert, wie ich finde. Ich glaube, er hat ein Auge auf Nadine geworfen. Nur der schmale Mittelgang trennt mich von diesem Wolfgang. Nadine wollte gern am Fenster sitzen und so habe ich ihn unmittelbar an der Backe. Er versucht ganz offensichtlich, über mich an Nadine heranzukommen, die ihm die kalte Schulter zeigt. Ich kann sie verstehen. Ohne, dass ich ihn dazu aufgefordert hätte, berichtet er aus seinem Alltag als Coach.

„Ich sage zu meinen Klienten immer: Ihr müsst einfach mal loslaufen, wenn ihr ein Ziel erreichen wollt. Nicht warten oder lange überlegen: anfangen!"

„Aha", antworte ich so knapp wie möglich.

Ich will zumindest höflich bleiben. Ich schaue dazu demonstrativ konzentriert in meine Illustrierte. Das Signal müsste jeder verstehen. Wolfgang versteht es nicht.

„Das ist wie bei den Goldgräbern in Amerika."

Was zum Henker haben die jetzt damit zu tun? Ich will's eigentlich gar nicht wissen, kann mich gegen den Input aber schlecht wehren. Wenigstens hat er eine recht angenehme Stimme. Das macht die Sache geringfügig erträglicher.

„Ist doch klar, warum die meisten davon nicht fündig wurden. Also nicht so richtig halt. Wenn die irgendwann die Flinte ins Korn schmeißen, wird das nichts mit dem Gold-

klumpen. Dranbleiben heißt die Devise. Immer schön dranbleiben."

Er schaut mich erwartungsvoll an. Was will er nun von mir
hören? Ich blättere weiter hartnäckig in meiner Zeitschrift.

„Man weiß ja nicht, wie kurz vor dem Ziel man sich gerade
befindet."

Ich habe nun auch verstanden, dass ich Wolfgangs Coaching-
Weisheit bis zum Ende anhören muss. Ob ich will oder nicht.
Demonstrativ seufzend klappe ich meine Zeitschrift zu und
schaue ihm in die Augen. Vielleicht geht's dann schneller.

„Aufgeben ist nie eine Option. Das sage ich immer und immer
wieder. Leute, gebt niemals auf, wenn ihr etwas erreichen
wollt. Niemals!"

Ah so. Jetzt verstehe ich. Die Weisheit findet aktuell auch ihre
Anwendung bei mir. Wolfgang gibt auf keinen Fall auf, bevor
er mir den ganzen Scheiß bis zum bitteren Ende fertig ge-
predigt hat. Meine Lebenserfahrung flüstert mir beim letzten
Satz sofort, dass an dieser pauschalen Aussage irgendetwas
faul sein muss. Wenige Sekunden später fällt mir auch ein,
warum: Neulich suchte ich verzweifelt einen meiner Ohrrin-
ge. Creolen aus Weißgold, sündhaft teuer. Ich führe sie nur
zu bestimmten Anlässen aus und wollte sie zu einem Theaterabend mit einer Freundin tragen. Als ich meine Schmuckscha-
tulle öffnete, lag aber nur einer drin. Also durchwühlte ich die
ganze Schatulle. Leerte danach meinen sämtlichen Schmuck
aufs Bett. Vergeblich! Ich stellte im Anschluss die Schrank-
schublade auf den Kopf, in der sich die Schatulle befindet.
Mist! Wohin war mein zweiter Ohrring verschwunden? Er
musste ja dort irgendwo sein. Ich entfernte sämtliche Schub-
laden – insgesamt vier an der Zahl – und räumte danach sogar
den ganzen Schrank aus. Eine umfangreiche Aktion, die jedoch völlig erfolglos verlief. Ich trug zum Theaterabend einfach andere und musste mich furchtbar beeilen, weil ich für
die Sucherei schon viel zu lange gebraucht hatte. Erst viele

Tage nach besagtem Abend kam mir der Zufall zu Hilfe. Ich öffnete die linke Tür meines Badspiegelschranks. Dort schaue ich sehr selten hinein. Und was fand ich dort: meinen zweiten Ohrring. Wie der hier reinkam, weiß ich wirklich nicht. Vielleicht nach der Eierlikör-Sache an Weihnachten. Insofern hätte ich am Theaterabend bis zum Sankt-Nimmerleinstag im Schlafzimmerschrank nach Gold graben können, weil ich dort an der völlig falschen Stelle suchte.

Ich behalte diese Anekdote lieber für mich. Obwohl ich sie dem Wolfgang in dem Zusammenhang schon gerne erzählt hätte. Manchmal ist Schweigen einfach die bessere Alternative, anstatt als Juristin mit einem Coach über Coaching-Weisheiten zu diskutieren. Auch wenn ich in der Angelegenheit definitiv Recht habe. Muss der Wolfgang ja nicht wissen.

So langsam kriege ich Hunger. Salamibrot mit Gurke, was auch sonst. Ich sende damit ein eindeutiges Signal an Wolfgang, aktuell nicht mehr für seine Anekdoten ansprechbar zu sein. Er lässt sich davon nicht abhalten. Nadine dagegen hat die ganze Sache einfach verpennt. Ihr Kopf liegt auf ihrem Nackenkissen, leicht zur Seite geneigt. Sie schläft wie ein Baby. Es sei ihr vergönnt.

Ich schaue mich derweil genauer im Bus um. Es werden hoffentlich noch brauchbare Männer anwesend sein. Zwei Reihen vor mir scheint ein solches Exemplar zu sitzen. Dunkelbraunes Haar, groß, wie gewünscht. Altersmäßig dürfte er auch in etwa hinkommen. Ich kann es nicht zu 100 Prozent genau beurteilen, da ich aus meiner Perspektive keinen freien Blick auf ihn habe. Vielleicht sollte ich (rein zufällig!) aus einem wichtigen Grund nach vorne marschieren. Irgendwas den Fahrer fragen? Super Idee! So mache ich das, obwohl das während der Fahrt strikt verboten ist, wie man uns zu Anfang sagte. Einen anderen Grund, da jetzt nach vorne zu latschen, finde ich beim besten Willen nicht. Denn die Toilette liegt hinten und er musste offensichtlich noch nicht, sonst wäre er an mir vorbeigekommen. Dabei hätte ich sofort meine Chance genutzt. Da bin ich nicht schüchtern.

Ich lege mir die Frage aller Fragen zurecht, die kein Mann am Steuer ertragen kann. Eine bessere fällt mir jedoch auf die Schnelle nicht ein. Mein Vater musste sie von uns Kindern sehr oft hören, wenn wir in den Urlaub an den Gardasee gestartet sind.

„Wie lange dauert's noch, bis wir da sind?"

Ein scharfer Blick trifft mich. Ich schaue so unschuldig wie möglich aus meinen Kulleraugen. Die Leute bescheinigen mir, dass ich Augen hätte wie ein Baby. Groß und kullerig. Teils auch genauso unschuldig. Aber nur, wenn ich das will. Ansonsten können sie bei Bedarf auch richtig giftig blitzen.

„Setzen Sie sich bitte wieder auf Ihren Platz. In zwei Stunden machen wir eine kurze Rast. Dann können Sie sich die Beine auf der Raststätte vertreten."

Eine schöne Aussicht. Ich wollte mir schon immer mal morgens um sechs die Beine irgendwo auf dem Rastplatz zwischen Hannover und Göttingen vertreten.

„Danke, Herr Busfahrer, so machen wir das!", antworte ich und drehe mich um 180 Grad.

Meine Augen erspähen dabei Grandioses. Ich laufe zurück zu meinem Platz. Auf Höhe des männlichen Lichtblicks mache ich extra etwas langsamer. Ich tue so, als ob irgendwas an meinem Schuh klebt, bücke mich hinunter und registriere, dass er mich genauestens mustert. So soll das sein. Er lächelt. Ich lächle.

„Hi, in zwei Stunden machen wir Rast auf einem Rasthof. Zum Beine vertreten. Vielleicht sieht man sich dann noch mal?", werfe ich die Frage in den Mittelgang des Busses.

„Klingt gut!", antwortet er prompt.

Ich schwöre, seine Stimme ist so tief wie die eines Bären. Das verursacht gemeinsam mit dem Gesamtbild ein leichtes Kribbeln in bestimmten Körperregionen. „Okay, dann bis gleich", verabschiede ich mich und achte darauf, besonders attraktiv zurück auf meinen Platz zu gehen. Wenn das kein gutes Omen ist für ein erfolgreiches Singlereisen-Wochen-ende.

Kurz vor Göttingen wacht Nadine auf. Sie hatte schon immer ein Händchen für perfektes Timing, in allen Angelegenheiten – leider auch im umgekehrten Fall. Bei ihrer Hochzeit klingelte bei der Frage aller Fragen ihr Handy, das sie vergessen hatte auszuschalten. Sie bestand darauf, es unbedingt in ihre kleine spitzenbesetzte Hochzeitstasche mit rein zu quetschen und zur Trauung mitzunehmen. Eigentlich ist das lediglich für ein paar Taschentücher gedacht. Mit einem Handy war es deutlich überfordert. Der Spitzenbesatz platzte aus allen Nähten. Das Ding sah aus wie ein übergewichtiges bestick-tes Straußenei. Oder auch, als wir gemeinsam beim Trödel-händler standen. Im Feilschen bin ich super. Ich hatte den Händler fast so weit, mit dem Preis deutlich runterzugehen. Da quatschte Nadine dazwischen mit den Worten: „Die ist sooooo hübsch. Nehmen wir!" Damit war der Superdeal für die antike Halskette geplatzt. Es sollte ein Geschenk für Mutti zu ihrem 70sten sein.

„Guten Morgen, Nadine", begrüße ich meine Schwester, für die ich in den letzten vier Stunden große Opfer gebracht habe. So viel ist sicher: Weitere vier Stunden höre ich mir das Ge-laber von Wolfgang nicht mehr an.
„Hey, Leonie, sind wir schon da?", fragt mich Nadine ver-dutzt, als der Bus zum Stehen kommt.
Klar, sieht total nach Schwarzwald aus hier auf der Raststät-te. Wir vertreten uns also wie vorgeschlagen die Beine. Außer-dem komme ich dabei in die vorteilhafte Lage, mich meiner Verabredung zu widmen. Ich sehe unser Gespräch von vorhin auf jeden Fall als eine solche an.

„Bin gleich wieder da!", erkläre ich Nadine kurz angebunden. Und schon laufe ich in Richtung Objekt meiner Begierde. Auf dem Weg dahin schaut er mich verzückt an. Da haben wir entscheidend etwas gemeinsam, denn ich gucke auch. Und zwar direkt in seine dunklen Augen.

„Ganz schön kalt heute Morgen", stelle ich fest. „Ich heiße übrigens Leonie."

So viel Anstand muss sein.

„Schöner Name, Leonie. Ich bin Jonas. Ist das deine erste Singlereise?", fragt er mich.

Oh ja, und bestimmt meine letzte, beantworte ich seine Frage – gedanklich natürlich. Nach weiteren vier belanglosen Sätzen schlägt der Fahrer Alarm. Die Zeit auf dem Rastplatz ist um. Einer normalen Frau reicht das nicht mal auf die Toilette. Daher fehlt die Hälfte der mitreisenden Frauen auch noch, als ich am vorderen Eingang des Busses wieder mit Nadine zusammentreffe.

„Nadine, ich setze mich den Rest der Fahrt neben Jonas. Hast du nichts dagegen, oder?" Die Frage hat rein rhetorischen Charakter. Zu diesem Zweck sind wir ja hier. Was sollte sie also dagegen haben.

„Wie heißt er?"

War mir klar, dass sie sofort mehr wissen will. Doch alles zu seiner Zeit. Ich bin am Zielort angekommen und lasse mich auf den freien Platz neben Jonas plumpsen. „Bis später, Nadine. Das ist übrigens Jonas."

Fünf Minuten später bin ich so in das Gespräch mit ihm vertieft, dass ich nicht mehr mitbekomme, wie zwei Reihen hinter mir die arme Nadine gegen das Mitteilungsbedürfnis von Wolfgang kämpft.

„Echt? Das machst du?"

Ach, wie goldig. Ein Mann, der Verantwortung übernimmt. So etwas hören Frauen im gebärfähigen Alter gern. Jonas erzählte mir gerade, dass er sich um seine gehbehinderte Mutter kümmert. Kochen, putzen, Wäsche waschen und so. Sieht man ihm gar nicht an.

„Klaro! Ist doch meine Mutter", kommentiert er meine Begeisterung.

Wenn du ein Mann bist, wäre das der ultimative Tipp, um bei Frauen zu landen. Er lässt sich durch eine andere Begebenheit durchaus toppen. Wie kann es anders sein: Exakt die bekomme ich im Anschluss übermittelt: „Ne, oder? Wirklich?"

Mehr kann ich dazu nicht sagen, meine mütterlichen Gefühle haben mich im Griff. An sich kurios, da ich noch gar keine Mutter bin. Mit dieser Auskunft jedoch fühlst du als Frau sofort, wo die hierfür zuständigen Gene in dir schlummern. Du spürst sie plötzlich überall in deinem Körper. Der süße Jonas, man mag es kaum glauben, ist Trainer einer Mädchen-Handballmannschaft. Ein Mann, der sich freiwillig mit einer Horde kleiner Mädchen abgibt und ihnen das Handballspielen beibringt, muss schon sehr kinderlieb sein. Ein Patenkind in der dritten Welt kommt on top obendrauf. Damit ordne ich Jonas in Richtung Traummann ein. Ich suche den Haken. Bis jetzt finde ich keinen. Wir haben ja aber auch erst eine Stunde miteinander verbracht. Plus die zehn Minuten Füße vertreten auf dem Rasthof. Irgendeine psychische Störung lässt sich bis jetzt nicht erkennen. Und juhu, Jonas mag Sex bei Tageslicht. Das finde ich recht schnell heraus, denn kaum angekommen, landen wir in seinem Zimmer und dort im Bett.

Dort liegen wir auch noch am Abend. Am nächsten Morgen ebenso. Ich wundere mich, wie wenig Hungergefühle ein Mensch haben kann, wenn er auf der rosa Wolke gelandet ist. Und das als immer hungrige Person, wie ich ja bekanntermaßen eine bin.

„Sollen wie nicht vielleicht doch mal Frühstücken gehen?"
Jonas erinnert mich daran, dass es tatsächlich noch so etwas

wie Essen gibt. Und ja, jetzt, wo er es anspricht: Mein Magen fühlt sich bedenklich leer an.

„Okay. Ich geh erst mal kurz duschen. Kommst du mit?" Das lässt sich Jonas nicht zweimal sagen und wir müssen uns danach mit anziehen etwas beeilen. Die Frühstückszeit endet in zwanzig Minuten. Wir hechten nach unten. Kein Mensch mehr am Tisch, dafür die köstlichsten Gaben auf der Büfett-Auslage verteilt. Ich lege drei Brötchen auf meinen Teller und schaufle mir parallel eine Schüssel randvoll mit Müsli. Somit habe ich keine freie Hand mehr für den Obstsalat. Ganz zu schweigen von der Kaffeetasse. Ich pendle viermal zwischen Büfett und Tisch hin und her, bis ich alles an Ort und Stelle habe. Damit bleiben mir jetzt nur noch knapp 15 Minuten, das alles zu essen. Jonas kann kaum glauben, was innerhalb kurzer Zeit für Mengen in meinem Magen verschwinden. Da ist er nicht der Erste. Zwei Minuten nach elf. Die Bedienung läuft unauffällig rechts an uns vorbei, um die Nachbartische sauber zu machen.

„Wir sind gleich fertig", verspreche ich der Dame. Da ich Versprechungen grundsätzlich zu halten versuche, stehen wir 90 Sekunden später auf. Zurück bleibt sehr viel Geschirr. So viel, als hätte hier soeben eine sechsköpfige Familie gespeist. Der restliche Samstag vergeht recht schnell. Jonas und ich bekommen wenig davon mit.

Sonntagvormittag. Keine Ahnung, wie viel Uhr. Ich habe jegliches Zeitgefühl verloren. Ich befinde mich gerade auf einer deutlichen Welle in Richtung innerer Explosion, als irgendwer wie wild an die Tür hämmert. Nadine natürlich. Niemand anders auf der Welt legt so ein Supertiming an den Tag wie sie.

„Leonie, beeil dich, der Bus fährt in 15 Minuten", ruft sie aufgeregt von draußen.

Also, ich hätte jetzt kein Problem, noch weitere hundert Jahre mit Jonas hier zu zweit zu verbringen. Nadine sieht das anders und meine Kollegen sicher auch, die mich morgen wieder am Schreibtisch sitzen sehen wollen.

„Wir kommen gleich", gebe ich zur Antwort.

Danach raffen wir hektisch unsere Klamotten zusammen. Und zwar splitternackt, wie wir sind. Dabei vergessen wir völlig, etwas zum Anziehen zurückzuhalten.

„Jonas, wo sind deine Klamotten?", frage ich nach vollbrachter Leistung.

„Im Koffer, wieso?" Erst jetzt bemerkt er den Fauxpas und lacht.

Also schnell Hemd, Hose, Schuhe, Socken und Unterhose rauskramen. Dass ich immer noch unbekleidet vor Jonas herumrenne, fällt mir gar nicht auf.

„Bist du fertig?", frage ich leicht benebelt.

„Ich schon, aber du offensichtlich nicht", entgegnet er und lacht noch immer.

Gut, dass er es sagt. Ich wäre jetzt so zur Tür rausgestürmt. Also durchwühle ich meinen fertig gepackten Koffer ebenso, erwische dabei versehendlich zwei verschiedenfarbige Socken. Egal jetzt, die Zeit wird knapp. Jonas knöpft indes sein Hemd falsch zu. Oben wirft es eine große Falte und unten ist die linke Seite viel zu kurz. Aber immerhin: Wir steigen auf die Minute pünktlich in den Bus ein. Die Leute schauen uns zwar etwas komisch an. Was soll's! Ich sehe ja sowieso keinen davon je wieder. Außer Nadine natürlich und der ist egal, ob ich nun zwei dunkelblaue Socken trage oder einen roten mit weißen Herzchen drauf.

Da eine Singlereise sehr anstrengend sein kann, schlafe ich auf der gesamten Rückfahrt wie ein Baby. So k. o. bin ich und außerdem aufgrund fehlenden Schlafes hundemüde. Lebensprojekt zwei sehe ich ergo als abgehakt an. Wie schön, wenn sich Probleme von allein in Luft auflösen. Darüber vergesse ich total, dass ich noch ein viel Größeres zu bewältigen habe. Was interessiert mich das jetzt, wo ich frisch verliebt bin.

**Schwester Ingrid, wo sind
die Überweisungsscheine?**

„Leonie, warst du endlich beim Arzt wegen der Überweisung zum Therapeuten?" Mutti schon wieder. Inzwischen sind vier Wochen nach meiner legendären Singlereise vergangen und ich schwebe im Liebesglück. Das ist auch Mutti nicht entgangen, die es für umso wichtiger hält, endlich etwas gegen mein Essproblem zu unternehmen.

„Kindchen, das macht doch kein Mann lange mit!", prophezeit sie mir.

Sie hat wohl Lunte gerochen, dass das mit meinem Neuen eine ernstere Sache werden könnte und sieht sich der Geburt ihres ersten Enkels entscheidend näher.

„Muttchen, davon kriegt er nichts mit. Passiert mir doch nur in der Firma und bei Geschäftsessen!", versuche ich sie zu beruhigen.

„Kindchen, mit solchen Ängsten ist nicht zu spaßen. Ich habe gelesen, dass die sich ganz schnell immer mehr ausweiten können." Die Glucke ist voll in ihrem Element. Seit sie im hohen Alter das Internet für sich entdeckt hat, ist keine Information mehr vor ihr sicher. „Übrigens hat mir das Karl-Gustav so bestätigt. Du weißt doch, das ist der Neffe der Schwester von meiner Cousine, die in Amerika lebt."

Na prima, damit müsste inzwischen die gesamte Ahnenlinie über mein Problem Bescheid wissen.

„Ist ja gut, Muttchen, ich lass mir einen Termin geben", beende ich das Gespräch. Anders als so kann ich mich nicht aus dem Telefonat retten. Reine Notwehr, denn ich muss dringend zur Arbeit.

Heute ist wieder einer der legendären Tage, an dem Mister Li-Wang zu uns stoßen soll. Blöderweise hat unser Lieblings-Restaurant wegen Renovierungsarbeiten geschlossen. Ansonsten sind die Einkehrmöglichkeiten in Lübeck beschränkt. Jedenfalls, was Mister Li-Wangs Vorliebe für Schmorbraten betrifft. Schmorbraten ist für die Lübecker Gastronomen und auch die einheimische Bevölkerung ein Fremdwort. Was sie dagegen außerordentlich gut wie oft aussprechen können, sind die Wörter „Fisch" und „Marzipan". Beides mag Mister Li-Wang jedoch überhaupt nicht. Seltsam, wo die Asiaten sonst wenig zimperlich sind beim Essen.

Das erinnert mich spontan an meine Reise durch China vor ungefähr fünf Jahren. Ich wollte unbedingt über die chinesische Mauer laufen. Um dem Kulturschock entgegenzuwirken, verbrachte ich die ersten Tage im westlich anmutenden Shanghai. Dort shoppte ich mich wie eine Weltmeisterin einmal querbeet durch die East Nanjing Road, um am nächsten Morgen den traumhaftesten Sonnenaufgang meines Lebens zu erhaschen. Direkt über der Skyline der Stadt. Ich fühlte mich damit akklimatisiert und auch gewappnet genug, tiefer in die chinesische Kultur einzutauchen und nahm den Zug in Richtung Peking. Vier Stunden, in denen ich hautnah kennenlernte, was die Chinesen bevorzugt zu sich nehmen. Da ich den Gang über die Mauer gerne in Vollbesitz aller meine Sinne schaffen wollte, verzichtete ich tagsüber gänzlich auf Nahrung. Abends aber, nach der Begehung der berühmten Mauer, war ich dermaßen ausgehungert, dass ich auf alle Vorsätze pfiff. Verdammt, mein Essen zeigte sich von seiner schärfsten Seite. Es brachte mir die schlimmste Flitzekacke meines Lebens ein. Ich schwöre, unsere handelsübliche Magen-Darm-Grippe kann dagegen einpacken. Es führte dazu, dass ich drei volle Tage meiner Rundreise verpasste. Und ich kapierte so langsam, dass die Chinesen außer mächtig scharf sich liebend gern alles zwischen die Zähne schieben, was bei drei nicht auf den Bäumen ist. Aber dann die Nase rümpfen bei Marzipan oder den Lübecker Fisch-Spezialitäten. Diese Chinesen soll mal einer verstehen.

Jedenfalls merke ich, dass ich vor dem Termin heute viel nervöser bin als sonst. Mir ist schon seit dem Aufstehen schrecklich übel.

„Alles okay mit Ihnen?", fragt meine Assistentin besorgt.

Ich muss schlimm aussehen, sonst würde sie das nie fragen.

„Danke, Gabriele, geht schon", antworte ich gequält. Eine glatte Lüge.

Zwei Stunden vor dem geplanten Essen. Mister Li-Wang befindet sich gerade im Landeanflug auf den Lübecker Airport, als ich die Nerven verliere. Das ist mir noch nie passiert. Wie aus dem Nichts breche ich in meinem Büro zitternd zusammen. Ich will mich noch am Schreibtisch festhalten, erwische aber nur die Tastatur. Die fliegt gemeinsam mit mir zu Boden. Meine Kaffeetasse, die direkt danebenstand, landet blöderweise direkt auf meinen Kopf. Wenigstens war der Kaffee darin schon erkaltet. Was für ein Glück in der aktuellen Pechsträhne. Gabriele kommt der Lärm suspekt vor. Also schaut sie vorsichtig zur Tür herein und sieht mich mit blutender Kopfplatzwunde auf dem Boden liegen. Was für ein Schreck für sie und ehrlich gesagt auch für mich. Als ob das nicht schon peinlich genug wäre, stehen zehn Minuten später zwei Sanitäter vor mir, die mich ins Krankenhaus fahren wollen.

„Mir geht's blendend, ist wirklich nicht nötig", lehne ich das Angebot dankend ab.

„Ne, Frau Janssen, Sie kommen mal schön mit in die Klinik", redet einer der Sanitäter auf mich ein. Er ist übrigens auch dunkelhaarig und sehr muskulös. Könnte glatt Jonas Bruder sein. „Nachher haben Sie noch eine Gehirnerschütterung oder womöglich eine Hirnblutung. Dann bleiben Sie uns auf der Strecke."

Das wäre natürlich doof. Jetzt, wo ich mir den Jonas geangelt habe.

„Wir beißen nicht!", fügt er abschließend hinzu.

Das beruhigt mich ungemein. „Frau Janssen, ich sag den anderen Herren gleich Bescheid, dass Sie heute nicht mitkommen zum Schmorbraten essen!"

Gabriele denkt an alles. Vor lauter Aufregung hatte ich das total vergessen. Eine bessere Entschuldigung gibt es kaum, dem Essen deswegen fernbleiben zu können. Insofern ziemlich praktisch, wenn ich die Einladung des netten Herrn Sanitäter annehme. Und das tue ich dann auch.

„Prima, Gabriele, vielen Dank", höre ich mich sagen, bevor ich den einen Sani zum anderen sagen höre, er solle mal die Trage holen. Die Trage?

„Auf keinen Fall, ich laufe!", protestiere ich vehement. Wäre ja noch schöner.

„Sind Sie sicher Frau Janssen? Schaffen Sie das auch wirklich?"

Ich muss furchtbar aussehen, wenn man mir schon nicht mal mehr zutraut, auf meinen eigenen Beinen nach unten zu gelangen. Leider kann ich meine Optik derzeit nicht checken, denn der übliche Gang aufs Klo vor Abfahrt ist momentan nicht drin. „Halten Sie sich schön an mir fest!", bietet er mir netterweise an. Aber gerne doch!

Der Flur im 3. OG ist sehr lang. Wir brauchen eine gefühlte Ewigkeit, bis wir zum Aufzug gelangen.

„Frau Janssen, was ist passiert?", fragt mich Herr Keuler. Ausgerechnet der muss jetzt aus dem Aufzug steigen.

„Alles in Ordnung, Herr Keuler. Einen schönen Tag noch!"

Keinesfalls will ich riskieren, dass er mit einem Strauß roter Rosen bei mir auftaucht, um mir so seine Genesungswünsche mitzuteilen. Ansonsten scheint heute die halbe Belegschaft auf dem Flur im 3. OG unterwegs zu sein. Alle glotzen neugierig und tuscheln miteinander. Gleiches Spiel in der Lobby im EG. Ich fand schon immer, dass sie viel zu groß ist. Man braucht ja ewig, bis man sie durchschritten hat und zum Ausgang gelangt.

„So, Frau Janssen, nun schön vorsichtig hier die zwei Stufen hoch, dann haben Sie es geschafft!"

Bei den Anweisungen komme ich mir vor wie eine 90-Jährige. Ich schwebe die Stufen regelrecht hoch und zeige Herrn Sani damit, dass er sich mit dem Alter geirrt hat. Kaum im Krankenwagen angekommen, sitze ich auch schon angeschnallt in einem Rettungsstuhl. Keine Ahnung, ob der so heißt. Nach einer harten Verhandlung meinerseits werde ich jedenfalls sitzend statt liegend transportiert.

„Sollen wir jemanden benachrichtigen, dass wir Sie ins Krankenhaus fahren?", fragt er ganz nebenbei.

Ich überdenke die Möglichkeiten. Im ersten Moment fällt mir Jonas ein. Ich halte es dann aber doch für klüger, erst mal Nadine anrufen zu lassen. Allerdings unter einer Bedingung: Er muss ihr glaubhaft vermitteln, dass nichts Schlimmes passiert ist, sondern wir aus Gründen reiner Vorsichtsmaßnahmen ins Krankenhaus fahren. Ansonsten eilt die Glucke schneller mit Tatütata ins Krankenhaus, als mir lieb ist – im Schlepptau den zugehörigen Hahn, der als Chauffeur herhalten muss. Wie ich ihn kenne, ist er bei einem Notfall wie diesem sehr viel schneller auf den Straßen Lübecks unterwegs als sonst. Papa verdiente sich seine Brötchen in jungen Jahren kurzzeitig als Rennfahrer. Er erinnert sich also noch genau daran, dass das Gaspedal rechts ist. Das seine überträgt immerhin 250 PS an den Motor des Sportwagens, der für meine Eltern völlig überdimensioniert ist. Aber Papa lässt sich von seiner PS-Liebe einfach nicht abbringen. Mama findet das Ganze auch noch cool, was ich bei ihrer sonstigen Überfürsorge und Ängstlichkeit kaum nachvollziehen kann.

Herr Sanitäter macht seine Sache sehr gut. Nadine reagiert

zwar kurz erschrocken, lässt sich aber schnell wieder beruhigen. Das wiederum beruhigt mich ungemein. Ich will ungern nach meiner (hoffentlich!) baldigen Entlassung aus dem Krankenhaus meine Eltern auf der Polizeistation abholen müssen. Weil Papa aus Gründen der fürsorglichen Eile den Straßenverkehr mit einer Rennbahn verwechselt hat.

Im Gegensatz zum Sanitäter scheint der diensthabende Arzt schlechte Laune zu haben. Wie ich im Nachgang erfuhr, war die Notaufnahme an dem Tag unterbesetzt. So musste er aushelfen, was sonst nie vorkommt, da Herr Doktor üblicherweise in der Psychiatrie zugange ist. Ein weiterer Facharzttitel befähigt ihn jedoch auch dazu, die Notaufnahme an besagtem Tag zu retten. Und damit auch mich.
„Was ist passiert?", fragt er unterkühlt.
„Mir ist die Kaffeetasse auf den Kopf gefallen."
Eine Aussage, mit der ein Psychiater so oder so ähnlich sicher öfter konfrontiert wird. Er zuckt nicht mal mit der Wimper.
„Und wie kam das?", hakt er nach.
Ich denke mir, dass ich einem Psychiater bedenkenlos die ganze Geschichte anvertrauen kann. Zumal hier ja auch so etwas wie Schweigepflicht besteht.
„Das Problem ist Mister Li-Wang. Er war auf dem Landeanflug aus China und will ständig Schmorbraten mit uns essen. Ich aber habe eine Essphobie. Also nicht grundsätzlich, sonst würde ich jetzt nicht so gut genährt vor Ihnen stehen. Aber wenn Männer im Spiel sind und das Essen zudem geschäftlicher Natur ist, kriege ich halt Panik und flüchte meistens aufs Klo. Soweit kam es heute leider nicht, mir wurde schon vorher schlecht. Da bin ich einfach umgefallen und die volle Kaffeetasse auf mich drauf."
Mit dieser Erklärung habe ich seine ganze Aufmerksamkeit. Er schaut mich an wie eine Irre und da liegt er ja auch nicht ganz falsch. Dieses Essproblem ist echt crazy.

„Ich war deswegen bereits bei einem Coach und einer Heilpraktikerin. Beide konnten mir nicht helfen", schließe ich die Anamnese ab. Scheinbar ist der letzte Teil der Geschichte besonders schlimm für ihn. Bei den Wörtern „Coach" und „Heilpraktikerin" verdreht er die Augen, als würde er gleich in Ohnmacht fallen.

„Frau Janssen ..."

Nach diesen beiden Worten muss er erst mal Luft holen. Er schaut mich an wie Papi damals, als ich mit 15 verbotenerweise aus dem Haus zu einer Party geschlichen bin. „Bei einer solchen Erkrankung sollten Sie doch bitte gleich zum Fachmann gehen!"

Ach, ne ...

„Und wer ist der dafür geeignete Fachmann?", frage ich ihn. Ich stelle mich extra dumm, weil es mir Spaß macht, Herrn Doktor herauszufordern. Mit Ärzten hab ich's nämlich nicht so. Besonders in meiner Jugend war ich ein echtes Sorgenkind. Mutti musste dauernd mit mir zum Arzt und dreimal sogar ins Krankenhaus. Diese ganzen Ärzte quälten mich dabei mit ihrer Engstirnigkeit. Sturer als jeder Esel, so ein Arzt, das steht für mich seitdem fest. Daher meide ich Ärzte grundsätzlich wie die Pest. Auch solche, die für meine Essphobie zuständig wären.

„Sie gehören in eine Therapie, so schnell wie möglich!", erklärt er, als ginge es um Leben und Tod. Derzeit seien aber leider alle stationären Therapieplätze belegt. Wartezeit mindestens vier Monate. „Ich könnte Sie so lange in der Psychiatrie unterbringen. Dann sind Sie bis dahin sicher!" Als er das sagt, zückt er schon seinen Kugelschreiber und sucht in den vielen Ablagefächern des Untersuchungsraumes nach einer Überweisung. „Schwester Ingrid, wo sind denn die Überweisungsscheine?", ruft er zur Untersuchungstür hinaus.

So langsam dämmert mir, dass die Sache hier aus den Fugen zu geraten droht. Ich frage mich, wo Nadine bleibt. „Lassen

Sie die Überweisungsscheine mal da, wo sie sind. Brauche ich nicht", pfusche ich ihm ins Handwerk. Er ist glaub nicht gewohnt, dass Patienten bei seiner Behandlung mitbestimmen oder diese gar boykottieren. Ihm fällt der Kugelschreiber aus der Hand. Ich sitze nach wie vor auf der Behandlungsliege, er dreht sich entgeistert zu mir herum und vergisst dabei sein Vorhaben. Nun geht es um die Ehre.

„Das können Sie ganz sicher nicht beurteilen!"

„Doch, kann ich! Gestatten, Leonie Janssen, Anwältin. Ich möchte bitte entlassen werden. Jetzt sofort!"

Ein für mich ungewöhnlich lasches Plädoyer, aber völlig ausreichend. Blitzschnell halte ich den Arztbericht in den Händen. Der muss wohl immer gefertigt werden, damit er keinen Ärger bekommt. Unsere Wege trennen sich entsprechend einvernehmlich, wenngleich nicht freundschaftlich.

Auf dem Weg nach draußen kommt mir eine aufgeregte Nadine entgegen. Sie schaut verwundert, warum ich so quietschlebendig aussehe.

„Was war los?", fragt sie aufgeregt.

„Nichts war los!"

„Glaube ich dir nicht. Muss doch was los gewesen sein, wenn du mit dem Rettungswagen abgeholt wirst?"

„War nichts! Nur ein kleiner Unfall in der Firma!"

Ablenkung hilft immer: „Wie spät ist es, Nadine?"

„Hör auf mit dem Quatsch! Ich will jetzt wissen, was passiert ist!"

Naja, einen Versuch war es wert. Mein Inneres sieht sich damit sofort auf dem aufsteigenden Ast, nachdem ich die leidige Phobie in letzter Zeit erfolgreich verdrängt habe – nach hinten links in die Schublade „Geht mich nichts an, hab gerade anderes vor". Nadine schaut mir tief in die Augen. Mein Inneres sieht das als Einladung an, nimmt Anlauf und zeigt mir, was eine Harke ist. Das haut mich vollends aus den Latschen und äußert sich so, dass ich an Ort und Stelle in Tränen ausbreche. Passiert mir selten. Nicht mal bei den schnulzigsten Schnulzenfilmen.

„Diese saublöden, verdammten Scheiß-Geschäftsessen. Ich hasse sie!", schluchze ich.

Nadine erschrickt. Ich erschrecke auch ein bisschen. Wegen der Tränen und der Ausdrücke. Ich spreche sonst gepflegter. Wenigstens falle ich nicht wieder um. Das werte ich als äußerst positiv, meine Genesung betreffend.

„Ist es denn immer noch so schlimm mit der Phobie?", fragt sie vorsichtig. Sie will ja nicht noch mehr Öl ins Feuer gießen und dennoch zum Kern der nötigen Informationen gelangen. Die Menschen im Krankenhaus sind Kummer gewohnt. Keiner nimmt Notiz von uns. Tränenüberströmte Patienten oder deren Angehörige sind das typische Bild. Wir passen voll da rein, wie wir gerade in Zeitraffer-Tempo über den Gang laufen. Eine Frau heult, die andere redet auf sie ein. Könnte auch prima eine Szene aus meiner Lieblings-Krankenhausserie sein. Da geschehen fortlaufend Dramen, sogar noch viel Schlimmere als meines. Obwohl ich es in dem Augenblick wirklich sehr schlimm finde.

„Ich bin vor lauter Angst umgefallen und die Kaffeetasse auf meinen Kopf", erkläre ich den Sachverhalt knapp. Damit ist Nadine im Bilde und die Zeit gekommen, sich wieder den alltäglichen Dingen zuzuwenden. Jedes Drama sollte irgendwann ein Ende haben.

„Wo hast du geparkt?"

Eine wichtige Frage, denn es regnet. Es reicht ja schon, dass ich mir mit der Heulerei mein Make-up ruiniert habe. Wenn ich zumindest die Frisur retten könnte, wäre das super.

„Ich habe einen Schirm dabei", stellt Nadine fest.

„Und wo ist der?"

„Oh ne, im Auto vergessen."

Okay, verstanden. Meine Frisur kann ich also knicken, denn zwischen Nadines Auto und uns liegen sagenhafte 400 Meter. Ich fühle mich inzwischen zwar wieder ganz gut. Allerdings längst nicht gut genug für einen 400-Meter-Sprint auf dem Krankenhausparkplatz. Die Folge des Ganzen: zwei nasse Pudel in Nadines Auto, klitschnass bis auf die Knochen. Bitte nicht noch einen Schnupfen jetzt.

„Wir fahren zu mir. Erst duschen, dann mache ich uns einen heißen Tee", schlage ich spontan vor. Ich habe die Kontrolle über mein Leben zurückgewonnen. Sehr gut. Dass es allein damit nicht getan ist, ist mir klar.

„Und was machst du jetzt wegen der Phobie?"

Nadine hakt mal nach. Wir sitzen auf dem Sofa, frisch geduscht, Kuscheldecke über uns geworfen. Der Tee schmeckt köstlich.

„Keine Ahnung. Zum Psychologen gehe ich jedenfalls nicht."

Nadine nickt zustimmend, ohne ein Wort zu sagen. Sie bekam meine Ärzte-Odyssee früher ja hautnah mit. Mutti und ich waren damals mit den Nerven am Ende. Psychologen sind entfernt ja auch so etwas wie Ärzte. Jedenfalls sind sie ähnlich eng mit dem Gesundheitssystem verbunden wie die Mediziner. So einen Helfer will ich für mein Problem nicht an meiner Seite haben, da bin ich stur.

„Vielleicht doch noch mal mit einem Coach probieren?"

Nadine meint es gut. Der Gedanke gefällt mir schon besser. Mir fallen dabei leider nur sofort diese Typen wie Bert und Martin ein.

„Du brauchst einfach den passenden!"

Nadine denkt praktisch. Ja, klingt durchaus logisch.

„Und wie erkenne ich den?"

Ist ja noch komplizierter als den Mann fürs Leben zu finden. Da zeigen sich die Herren der Schöpfung auch immer alle als Prachtexemplar. Du gehst ihnen in die Falle und dann zack, kommen die vielen Haken ans Licht. Einer schlimmer als der andere. Das ist bei diesen Coaches nicht anders, wie ich inzwischen erfahren durfte. Auf ihren Webseiten steht „Superheld" und wenn du sie näher kennenlernst, entpuppen sie sich als Mogelpackung. Das merkst du leider viel zu spät.

„Leonie, ich muss jetzt los. Du wirst den Richtigen dafür finden. Hole dir Hilfe, so geht das ja nicht weiter!"

Ältere Schwestern haben denselben Stellenwert wie ältere Brüder. Sie wollen dich immer beschützen. Ich verspreche Nadine daher, dass ich nach einer Lösung suchen werde. Ganz bestimmt.

„Tschüss, Nadine. Und danke!", verabschiede ich mich von meiner Beschützerin, kuschle mich danach wieder unter meine Decke und schlafe gewohnheitsgemäß auf dem Sofa ein. Dieses Mal ganz ohne Träume jedweder Art.

Ich hab's getan!

Gute Vorsätze leben davon, selten eingehalten zu werden. Das erleben Millionen von Menschen regelmäßig. An Silvester bist du noch fest davon überzeugt und ebenso entschieden, endlich mit dem Rauchen aufzuhören, mehr Sport zu machen oder abzunehmen. Am 2. Januar ist deine Motivation riesig. Spätestens am 10. Januar hast du das Vorhaben schon wieder vergessen. Ich leide an derselben Vergesslichkeit. Das Projekt „Coach" ist meinem Hirn entwichen. Aktuell habe ich aber auch wirklich wenig Zeit. Es gibt viel zu tun in der Firma. Ich komme kaum vor acht Uhr abends nach Hause. Die Wochenenden sind meistens mit Jonas verplant, das ändert sich allerdings schlagartig.

An dem nun bevorstehenden hat er keine Zeit, was ich sogleich telefonisch übermittelt bekomme: „Samstag muss ich für Mutter einkaufen, dann die Wohnung putzen, dann ihren Sperrmüll wegfahren, dann kochen. Da kann ich leider nicht".

Es ist Freitagabend und die Aussichten für ein romantisches Wochenende sehen nach dieser Nachricht weniger rosig aus. „Okay, dann bis Sonntag, Jonas. Wann ungefähr kommst du?"

Für mich ein selbstverständlicher Gedankengang. Nach knapp zwei Monaten Beziehung befindet man sich noch inmitten des Rosaroten-Brillen-Stadiums. Da willst du deinen Partner in jeder freien Minute um dich haben. Im Gegenzug hast du wiederum überhaupt keinen Blick für eventuelle Missstände. Das ist bei der rosaroten Brille halt so. Meine bekommt aktuell erste Risse.

„Ne, Sonntag geht leider auch nicht", teilt er mir schonungslos mit.

„Aber warum denn? Da hast du doch frei?!"

„Ach, Leonie, weißt du, die Klimaerwärmung schreitet voran und die Haubenlerche ist vom Aussterben bedroht. Wusstest du das? Voll schlimm beides. Und dann habe ich erst vor kurzem einen Bericht gesehen über die zunehmenden Agrarwirtschaft-Probleme der Mennoniten in Paraguay. Das geht so alles nicht. Ich fühle mich verantwortlich. Daher kümmere ich mich heute darum, wo ich endlich mal frei und Zeit dafür habe. Ach so, und heute Abend bin ich mit meinen Handball-Mädels ein Eis essen. Sie brauchen mich. Tschüss, ich hab dich lieb."

Ich blicke verdutzt auf mein Handy. Hat er das jetzt alles so gesagt? Ne, oder? Das muss eine Verwechslung sein. Ich rufe ihn erneut an.

„Jonas?"

„Leonie, ist noch was? Ich habe gerade ganz wenig Zeit."

„Ähm, nein, nichts Wichtiges. Wollte dir nur sagen, dass ich dich auch lieb habe. Du warst gerade so schnell weg."

„Ja, schön, Leonie. Freut mich. Also, bis bald!"

Über dieses Telefonat muss ich unbedingt nachdenken. Genug Zeit habe ich dafür jetzt ja. Ich denke den vollen Freitagabend nach, den Samstag ebenso – bis in die späte Nacht, ohne zu einem Ergebnis zu kommen. Außer, dass ich irgendwie im falschen Film gelandet sein muss.

Sonntag, später Vormittag. Ich sitze am Küchentisch, Schlafzeug noch an. So richtig schön gemütlich, ich allerdings in mittelschwerer Depri-Stimmung wegen Jonas. Irgendwas stimmt mit dem doch nicht. Kaffeetasse neben mir, Zeitung von gestern vor mir. Ich lese selten ausführlich die Tageszeitung, doch heute ist mir danach.

Eine Reportage auf Seite 19 fesselt meine Aufmerksamkeit.

Gut so, da ich mir die letzten 30 Stunden nonstop den Kopf über Jonas zerbrochen habe. Ich könnte Abwechslung in meinem Hirn brauchen. In der Reportage geht es um einen Hof in der Einöde der Schweizer Bergwelt. Kuh Frieda ist mit auf dem Foto abgebildet – eine von rund 30 Kühen des Hofs. Frieda mag es scheint's, als Model im Vordergrund zu stehen. Sie guckt neugierig in die Kamera. Ich erkenne einen deutlichen schelmischen Ausdruck in ihren dunkelbraunen Augen. Was soll ich davon jetzt halten? Also nicht von Frieda, sondern dass ich in ihrem Blick irgendwas zu erkennen glaube. Entweder ich bin ein Genie oder ich sollte mir echte Sorgen um meine Psyche machen. Könnte auch an Jonas liegen. Eine Art Metapher wegen der braunen Augen. Keine Ahnung, was mit mir los ist. Da fällt mir spontan mein guter Vorsatz ein, der gleichzeitig ein Versprechen an Nadine war. Versprechen muss man halten. Das ist wohl Ehrensache. Also gut. Statt über Jonas denke ich jetzt über die Coaching-Sache nach. Ich brauche eine Lösung oder zumindest eine gute Idee, wie ich der Lösung ein Stück näherkomme. Ohne wieder an den Falschen zu geraten.

Ich überlege.

Und überlege weiter.

Trinke dazwischen einen Schluck Kaffee.

Ich gehe aufs Klo, Pipi machen.

Ich setze mich zurück an den Küchentisch.

Noch ein Schluck Kaffee.

Bäh, inzwischen kalt.

Ich laufe zur Kaffeemaschine, um neuen zu machen.

Dann kommt urplötzlich die Idee über mich: Ich kaufe mir einen Ratgeber!

Dieser Geistesblitz erhellt meine Stimmung sofort. Ja, klar, das ist die Lösung! Ich coache mich einfach selbst – nach Anleitung eines Ratgebers. Klappte ja auch in der Grundschule vorzüglich, als ich mir mit dem Buch „Die ersten Gitarrenhandgriffe" das Gitarrenspielen beibrachte. Noch viel lieber hätte ich damals Schlagzeugspielen gelernt. Dagegen hatte Mutti jedoch entschieden etwas einzuwenden. Papi fand es toll. Mutti setzte sich durch, wie meistens.

Diese Ratgeber sind ja alle mal von jemandem geschrieben worden. In den meisten Fällen von einem Menschen, der sich mit dem Thema auskennt. Ich kann mir bequem von zu Hause im großen Bücherkatalog aussuchen, was ich ratgebermäßig zu mir nach Hause holen will. Kostet nicht die Welt. Wenn das Buch ein Reinfall ist, habe ich maximal 20 Euro in den Wind geschossen. Ein kalkulierbares Risiko. Also suche ich das halbe Internet nach dem passenden Ratgeber ab und merke schnell, dass selbst das schon ein Problem ist. Es gibt einfach zu viele davon.

Mitten in meine Suche platzt Mutti. Sie ruft neuerdings fast jeden Sonntag an. Als obligatorische Gluckenaufsicht nach ihrem Küken schauen.
„Kindchen, wie geht's?"
Oha, das erste Mal seit Weihnachten, dass sie mich nicht als Erstes fragt, ob ich schon etwas gegessen habe.
„Danke, Muttchen, gut! Ich frühstücke gerade."
Schadet ja nicht, diese wichtige Auskunft vorwegzuschicken. Ich erspare mir damit die Frage, die ansonsten an anderer Stelle gekommen wäre.
„Nachmittags um zwölf? Kindchen, da solltest du etwas Richtiges essen. Wir haben Kohlrouladen über. Ich könnte dir zwei vorbeibringen."
Um Himmels willen, bloß das nicht! Allein beim Geruch von Kohl wird mir schon übel und ich kann mir außerdem Schöneres vorstellen, als den Sonntagnachmittag mit Mutti zu verbringen.
„Ne, Muttchen, lass mal. Ich habe schon Gulasch auf dem Herd stehen für später." Ist nicht ganz gelogen, denn Gulasch

habe ich tatsächlich da. Mit dem Unterschied, dass es statt im Kochtopf noch in meinem Kühlschrank lagert. Sollte ein schönes Abendessen für mich und Jonas werden. Ich werde heute wohl allein Gulasch essen.

„Ach, wie schön. Da wird sich Jonas freuen!"

Dass sie es aber auch immer schafft, die falschen Worte zum falschen Zeitpunkt zu wählen. „Oh ja, Jonas ist ganz scharf auf Gulasch, seine Leibspeise."

„Okay, dann will ich mal nicht länger stören. Schöne Grüße an Jonas", und weg ist sie, die Glucke.

Ich hatte mit einem längeren Gespräch gerechnet. Da ich meine wichtige Aufgabe noch zu Ende führen muss, widme ich umgehend wieder meiner Ratgeberliste.

„Soziale Phobie überwinden"

– ne, gewiss nicht. Weiterscrollen.

„Die Chancen der Angst erkennen"

– was für ein Quatsch. Nächstes Buch!

„Du kannst alles schaffen"

– bestimmt von einem Coach. Auf so eine dämliche Idee kann nur jemand wie Bert kommen.

„Arbeitsbuch: Wie du deine Ängste in den Griff bekommst"

– klingt nach verdammt harter Arbeit.

„Positiv denken"

– hm, mach ich doch schon!

Aber das Cover ist echt schön. Muss es auch, da das Positive schon von außen rüberkommen sollte, sonst wäre das rein vom Marketing her gesehen Blödsinn. Klick, Bestellung ist raus. Ich bin wohl die erste Käuferin, die ihr Buch nach Optik des Buchcovers ausgewählt hat. Fühlt sich gut an. Muss ich gleich Nadine erzählen. Damit sie sofort brühwarm erfährt, dass ich mein Versprechen gehalten habe.

„Nadine, ich hab's getan!"

„Hallo Leonie, was meinst du?"

„Ich habe mir einen Ratgeber bestellt."

Ich stelle meine Kaffeetasse in die Spüle, in der anderen Hand das Handy. Erst jetzt bemerke ich, dass heute die Sonne scheint wie verrückt. Fiel mir vorhin gar nicht auf. Nadine hat noch nichts gesagt zu dieser grandiosen Wendung im Hinblick auf meine Phobie.

„Nadine?"

Es ist so still am anderen Ende der Leitung. Ungewöhnlich still für eine Plaudertasche wie Nadine.

„Leonie, alles okay bei dir?"

Man soll Fragen nie mit Gegenfragen beantworten. Habe ich mal in einem Kommunikationskurs gelernt. Egal jetzt, die gute Nachricht ist wichtiger.

„Ja, bestens. Ich coache mich selbst. Mit einem Ratgeber."

„Ah, ja?!"

Wieder Stille. Meine Güte, dieses Telefonat ist sehr anstrengend. Das kenne ich anders, wenn eine der anderen von uns eine super Message übermittelt. Von lautem Kreischen bis Gackern und Löcher in den Bauch fragen ist alles dabei. Stille habe ich dabei noch nie erlebt. Noch nie!

„Leonie, können wir ein andermal sprechen? Ich bin im Park verabredet und schon spät dran."

Schade, aber okay. Wenn sie jetzt halt keine Zeit hat. Sagte sie Verabredung?

„Mit wem?"

Das sind ja ganz neue Töne. Deswegen ist sie so kurz angebunden. Ich verstehe. Ein neuer Lover ist am Start. Davon hat sie mir noch gar nichts erzählt.

„Ich will alles wissen. Melde dich, wenn du zurück bist. Tschüss!"

Die Aussicht darauf, dass ich mich demnächst selbst heilen werde, verleiht mir neue Energie. Schnell ins Bad, duschen gehen. Danach will ich im Keller nach meinem Fahrrad schauen.

Müsste noch genug Luft in den Reifen haben. Schon eine Weile her, dass ich das letzte Mal durch die Natur geradelt bin. Genau das Richtige für einen Sonntag wie diesen. Ich werfe noch schnell die Zeitung in meine Papiermüll-Holzkiste. Ausgerechnet Friedas Foto blättert sich dabei wie von Zauberhand ganz nach oben. Da liegt sie nun, die Frieda. Mitten in meiner Altpapierkiste und zwinkert mir freundlich zu. Sie kann's scheinbar nicht lassen. Ich gebe mich geschlagen und lese den Artikel zum zweiten Mal. „Sie sind herzlich zu uns auf den Hof eingeladen." Da schau her. Man kann die Frieda sogar besuchen gehen? Ich werde neugierig. „Auf unserem Hof stehen drei Gästezimmer bereit. Wir heißen Sie willkommen bei uns und unserem Alltag. Auf Wunsch können Sie jederzeit gern bei den Arbeiten im und um den Hof mithelfen."

Keine Ahnung warum, aber irgendetwas an dem Gedanken reizt mich. Mal weg aus dem Alltag, kein Handy, kein Internet, nur die Berge, Frieda, ihre Kolleginnen und ich. Bestimmt macht es viel mehr Spaß, mein Buch mit Ausblick auf die Schweizer Berge zu lesen. Wenn ich hier zum Fenster rausschaue, sehe ich nur parkende Autos und Häuser und den einzigen Baum der ganzen Straße. Völlig einsam steht er direkt vor unserem Haus. Dagegen in einer Blumenwiese zu liegen, die Frieda neben mir muhen zu hören und den Duft von frisch gemachtem Käse in der Nase zu haben – ja, das klingt ganz nach der perfekten Coaching-Umgebung. Außerdem kein Anruf von Mutti, weil ich da oben keinen Empfang habe. Zwei Wochen müssten reichen. Iwo, am besten gleich drei. Wenn schon, denn schon – kläre ich Montag gleich bei der Arbeit ab. Frieda, ich komme! Und ausgerechnet jetzt kann ich Nadine nicht anrufen, um die zweite Neuigkeit des Tages brandaktuell an sie weiterzugeben. Ich schreibe ihr zur Einstimmung eine Chatnachricht: „He, Nadine, in 10 Tagen will ich in die Schweiz fahren. Drei Wochen Auszeit auf einem Hof am Fuße der Berge. Mehr ein andermal. Tschau, Leonie."

Männer sind einfach -------------- anstrengend!

„Sehen wir uns heute Abend noch?"
Eine ganz normale Frage und zudem von hoher Priorität.
Denn morgen früh bin ich für drei Wochen in die Einöde abgetaucht.
„Sorry, Leonie, heute geht's echt nicht!"
Warum wundert mich das nicht? Bei Jonas ging in den letzten
zwei Wochen ständig irgendwas nicht. Zumindest, was mich
betrifft. In allen anderen Belangen zeigte er sich hochengagiert. „Der Kerl taugt nichts!", meine innere Stimme meldet
sich. In letzter Zeit übrigens öfter und sehr vehement. Ich
glaube, sie hat recht. Und auch, dass sich Nadine gerade so
komisch verhält, flüstert sie mir seit dem denkwürdigen Telefonat vorletzte Woche penetrant wie ständig zu. Eines nach
dem anderen. Ich bin ja gewohnt, komplexe Sachverhalte
spielend leicht und innerhalb von Minuten zu begreifen. Da
aber komme selbst ich nicht mit.
„Du weißt schon, dass ich ab morgen drei Wochen weg bin?"
Vorsichtige Nachfrage meinerseits. Männer sind manchmal
schrecklich vergesslich. Du bittest sie, den Müll rauszubringen. Sechs Wochen später steht er immer noch an der Tür.
„Ja, weiß ich."
Ich warte auf den zweiten Satz, der bestimmt folgen wird.
Kommt aber nichts, außer „Na, dann viel Spaß, Leonie, und
gute Reise!"
Ich starre mein Handy an wie einen Außerirdischen. „Wer bist
du, woher kommst du und warum?", sind meine Gedanken.
So verwirrt war ich das letzte Mal vor drei Jahren im Supermarkt. Ich passierte gerade das Regal mit dem Salzgebäck,

bog um die Ecke in Richtung Kassen. Stand da doch tatsächlich E.T. vor mir. Ich schwöre, es war E.T. in Großformat. Da die Begegnung mitten im August stattfand, konnte ich Fasching als Erklärung ausschließen. Die Kassiererin fand die Sache wohl weniger außerirdisch als ich. Sie sprach mit dem Wesen so normal, wie sie auch mit allen anderen Kunden sprach. E.T. war gerade dabei, seine Rasierklingen und vier Liter Cola zu bezahlen. Eine interessante Kombination, wenn man bedachte, dass er von einem anderen Stern kam.

„Tschüss, Konstantin", verabschiedete die Kassiererin das seltsame Wesen.

Konstantin? War die blind? Das war E.T. Ich habe den Spielfilm mindestens dreitausend Mal angeschaut und kenne daher jede einzelne Hautfalte von diesem Ding.

„Guten Tag", begrüßte sie mich freundlich.

„Kennen Sie E.T.?", fragte ich nur.

„Ja, aber falls Sie Konstantin meinen, das ist Konstantin."

Eine Auskunft, mit der ich rein gar nichts anfangen konnte. Die Kassiererin schien redselig. Ich brauchte nur kurz abzuwarten, dann kam die Auflösung des Rätsels bereits über ihre Lippen.

„Er hat einen Fetisch. Ist ansonsten aber echt nett und wohnt direkt um die Ecke."

Mehr wollte ich dann doch lieber nicht wissen, bezahlte hurtig und entschwand der Szene.

Jonas' Verhalten zeigt sich ähnlich außerirdisch. Es wird sogar von Tag zu Tag spaciger. Zu Anfang schwebten wir noch auf rosa Wolken. Inzwischen sind wir auf unserer Reise in fremde Welten deutlich vorangekommen. Wir müssten mindestens schon Nähe Jupiter gelandet sein. Wahrscheinlich sogar in einer fremden Galaxie, die noch gar keinen Namen hat. Gut, dass ich jetzt also drei Wochen Zeit haben werde, ganz viel nachzudenken. Über meine Phobie, den Jonas und grundsätzlich über mein Leben.

Nächster Punkt auf der Erledigungsliste: Blumen gießen und meinem Nachbarn die Schlüssel überreichen. Er hat einen grünen Daumen. Sein Balkon ist das reinste Pflanzenparadies. Ich halte ihn also für absolut geeignet, sich um meine deutlich karg anmutende Yucca-Palme im Wohnzimmer und das traurige Gestrüpp ohne Namen im Schlafzimmer zu kümmern. Das sieht wirklich sehr lustig aus. Früher war das Geschöpf bildhübsch. Sattes, wohlgeformtes Grün lachte mich aus dem Blumentopf an. Heute hängen die langen schmalen Blätter schlaff und verschrumpelt über den Topfrand herunter. Herr Seidenspänner kriegt die bestimmt wieder hin. Menschen mit grünem Daumen schaffen so was.

„Hallo, Herr Seidenspänner!", begrüße ich ihn freundlich.

„Rudolf. Ich bin der Rudolf."

Als er das sagt, hält er eine kleine lila Gießkanne aus Plastik in den Händen und schaut sehr zufrieden drein. Das könnte an zwei Dingen liegen: dass er sich kurz vor Klingeln seinem Lieblingshobby widmete und daher noch eine Menge Glückshormone durch seine Adern fließt. Oder er schwelgt in reiner Vorfreude auf die verantwortungsvolle Aufgabe, die ihm ab morgen blüht: meine beiden einst grünen Mitbewohner wieder in sattes Grün zu verwandeln.

„Okay, Rudolf. Also, es ist so …"

Irgendwie sollte ich ihn vielleicht vorbereiten, was tatsächlich auf ihn zukommt.

„Nicht mehr taufrisch, deine Pflanzen?"

Kann er Gedanken lesen?

„Ähm, ja genau. Woher weißt du?"

„Dein Blick spricht Bände."

Ich sollte wohl dringend an meiner Mimik arbeiten. Verflixt! Wenn mir jeder Fremde gleich ansieht, was ich denke, ist das ganz schlecht. Als Anwältin kann ich innerhalb von Millisekunden das Pokerface aufsetzen. Scheint's gelingt mir das im privaten Umfeld weniger gut.

„Würdest du dein Glück bitte trotzdem versuchen?"
Ich hänge an meinen Pflanzen. Sie waren die erste lebendige Gesellschaft, die ich hatte, als ich in diese Wohnung hier gezogen bin.
„Na, klar! Mach ich gern."
Ich finde das sehr nett von Rudolf. Daher frage ich ihn bei der Gelegenheit, ob er auch meinen Briefkasten leeren könne. Den hätte ich fast vergessen.
„Danke dir. Hast was gut bei mir!" Feierlich überreiche ich ihm meinen Wohnungsschlüssel. „Den Briefkastenschlüssel bringe ich dir gleich noch. Moment, kurz!" Nun aber mal einen Zahn zulegen, Leonie. Den zweiten Schlüssel holen und dann zack. Du hast noch nicht mal die Koffer gepackt und von Nadine solltest du dich auch noch schnell verabschieden.

Mein dunkelblauer Koffer liegt geöffnet auf meinem Bett. Bisher gähnende Leere in ihm, und sonst nichts! Was nimmt man denn so mit zur Selbstheilung in die Einöde? Das Buch! Ja, das wäre sicher wichtig. Und so landet es als erstes Utensil inmitten der gähnenden Leere. Nach einer halben Stunde hat es Gesellschaft bekommen, wenn auch spärlich. Ich rufe Nadine an. Die hat für alles einen Rat und sowieso ist es schon reichlich spät. Wenn anrufen, dann jetzt sofort.
„Hey, Nadine, ich wollte noch kurz tschüss sagen vor meiner Reise."
„Hey, Leonie."
Sehr verdächtig. Nadine, die sprudelnde Vielsprecherin, die die einzige Person ist, die zwischen zehn Sätzen nie Luft holen muss. Jedenfalls kann sie reden wie ein Wasserfall. Ausgerechnet ihr fällt an einem Abend wie diesem nur „Hey, Leonie" ein? Da ist doch was faul.
„Nadine, willst du es mir nicht sagen?"
Ich klinge dabei wie früher, wenn ein Zeuge sich aus Angst in stockendes Schweigen hüllte, um ja nicht in irgendeinen

Kriminalfall mit reingezogen zu werden. Dass einen Menschen so etwas eher zum Hauptverdächtigen macht, hat sich wohl noch nicht herumgesprochen. Auch nicht bis zu Nadine.

„Ich bin nur müde, sonst nichts!"

Ein lascher Versuch und auf den ersten Blick zu durchschauen wie Glas. Einspruch abgelehnt!

„Papperlapapp. Erzähl mir doch keinen Mist. Entweder, du sagst mir sofort was los ist. Oder ich komme bei dir vorbei."

Ein bisschen Druck muss in dem Fall leider sein. Sonst geht das Spiel tagelang so weiter. Ich kenne das.

„Okay! Es geht um Jonas!"

Na, siehste mal, klappt immer noch. Wobei mir die Richtung, die die Zeugenvernehmung gerade nimmt, weniger gefällt. Die Wahrheit kann man sich aber ja nicht aussuchen. Die ist knallhart. Ich ahne also Böses und so kommt es dann auch.

„Er hat mich angegraben!"

„Was meinst du damit? Kann nicht sein! Bestimmt verwechselst du ihn mit jemand anderem."

Wenn in Lübeck E.T.s an der Supermarktkasse stehen, gibt es sicher auch Jonas-Doppelgänger. Ich bin mir sicher.

„Ne, Leonie, ganz bestimmt nicht. Neulich im Park …"

Mir wäre sehr recht, wenn Nadine mal zur Sache kommen würde. Mein Koffer ist immer noch halb leer und ich muss sehr früh raus.

„Er wollte unbedingt mit mir sprechen. Also bin ich hin. Ich dachte, ihr habt Probleme oder so."

Damit liegt sie goldrichtig. So langsam empfinde ich Jonas sogar als hochproblematisch.

„Da zog er mich plötzlich überfallsartig zu sich heran und küsste mich auf den Mund."

Schade, dass das Timing momentan etwas ungünstig ist. Ich wäre sonst auf direktem Weg zu Jonas gefahren. Hätte ihm ohne ein Wort kräftig eine gescheuert und wäre genauso wortlos wieder vom Platz gefegt.

„Der Idiot hat einen Dachschaden", resümiert Nadine den Vorfall.

Sie und ich sind uns meistens einig. Ich kann ihr daher nur zustimmen.

„Er fühle sich für mich verantwortlich. Weil ich immer noch Single bin. Er wolle, dass es mir gut geht. Genau das sagte er."

Ich versuche hochzurechnen, wie viele arme Singlefrauen zwischen 18 und 90 in Lübeck leben. Kein Wunder, dass Jonas so wenig Zeit für mich hatte in den letzten Wochen. Da gibt es einiges zu tun für ihn, wenn er alle armen Singlefrauen in der Stadt zu neuem Glück verhelfen will. Und dann war ja auch noch seine Mutti, um die er sich in anderer Form kümmerte. Außerdem der Regenwald im Amazonas und tausend andere Dinge.

„Tut mir leid, Leonie!"

„Mir auch, Nadine. Mir auch. Danke, dass du es mir gesagt hast."

„Ja, ist sicher besser so."

„Wir hören uns in drei Wochen. Hab in der Einöde keinen Handyempfang."

Meine geplante Selbstheilung erhält damit eine neue Note. Ich darf mich außer von meiner Phobie auch gleich vom Liebeskummer befreien. Mein Herz platzt gerade. Vor Wut und auch vor Enttäuschung.

Ich sitze noch immer vor meinem halb befüllten Koffer. Schon eine Stunde lang. Da ich nicht mehr klar denken kann, klappe ich ihn einfach zu. Danach lege ich mich direkt daneben und schlafe sofort ein. Männer sind einfach anstrengend und rauben dir als Frau die letzten Kräfte. Wie gut, dass ich mich nun drei Wochen bei Frieda erholen kann.

Der nächste Morgen. Ein sehr früher Morgen. Was Schlaf doch alles ausmacht, auch wenn er nur vier Stunden währte.

Statt traurig fühle ich mich entschlossen und bärenstark. Ich werfe ein paar weitere Sachen in meinen Koffer. Ein paar zu viele, wie es aussieht, denn er platzt aus allen Nähten. Ich kriege ihn kaum zu. Ich lasse mir eine Tasse Kaffee und ein dick belegtes Wurstbrot munden. Dann schnappe ich mir meinen übergewichtigen Koffer und warte vor dem Hauseingang auf mein Taxi, das mich zum Bahnhof bringen soll. Mein neues Leben kann somit kommen. Und zwar jetzt – ohne Jonas und diese Phobie. Die lasse ich beide einfach irgendwo in der Einsamkeit der Schweizer Berge zurück und schleiche mich heimlich davon. Ja, das klingt ganz nach einem perfekten Plan. Ich sehe bereits eine rosige Zukunft vor mir und wundere mich auch gar nicht, woher diese ungeahnt positiven Energien in mir kommen. Die hatte ich schon immer. Dass ein Buch zum Thema positiv Denken daher vielleicht für die Selbstheilung der falsche Weg sein könnte, daran verschwende ich keinen einzigen Gedanken an diesem schönen Morgen.

Gut gelaunt komme ich am Bahnhof an.
Schwerst gut gelaunt besteige ich den Zug.
Vor positiver Energie fast platzend, setze ich mich in ein Abteil und summe die Melodie „Walking on Sunshine" vor mich hin. Ein alter Schinken, sogar älter als ich. Gute Laune ist aber ja wirklich keine Frage des Alters.
„Ist der Platz noch frei?" frage ich – halb singend – die Dame neben mir.
Sie ist in ein Buch vertieft. Scheint eine gängige Beschäftigung zu sein auf einer Bahnfahrt. Fast in jedem Abteil, in dem ich vorbeikam, hielten die Leute ein Buch oder eine Zeitung vor ihrer Nase. Nur ich bin so schusselig und habe meines in den Koffer statt in die Handtasche gepackt. Was soll's! Die paar Stunden werde ich schon herumbringen.
„Ja, setzen Sie sich gern." Ihre Stimme klingt sanft.
„Danke!"

Ich drapiere meine Handtasche neben mir und schaue erwartungsvoll aus dem Fenster. Im Moment sehe ich nur andere Züge und hektische Menschen auf Bahngleisen herumrennen. Das wird sich in ungefähr 7-8 Stunden ändern, wenn wir die Schweizer Grenze überqueren und in Richtung Berge rollen. „Möchten Sie?", fragt mich die Dame unverhofft.

Sie kramt ein zweites Buch aus ihrer riesigen, hellbraunen Ledertasche und überreicht es mir. Die Tasche ist so groß, dass schätzungsweise sämtliche Bücher der Stadtbücherei Lübeck reinpassen müssten.

„Das ist ja nett. Danke, gern!"

Zwei Sekunden danach sehe ich erst, was ich da dankend angenommen habe: „Die Coaching-Lügen" prangt mir in dicken Lettern der Buchtitel entgegen. Mir stockt der Atem. Das ist ja noch unglaublicher als E.T. an der Supermarktkasse. Vorsichtig mustere ich die Dame, die schon wieder in ihr anderes Buch vertieft ist. Keine verdächtigen Züge bei ihr zu erkennen und auch nirgends eine versteckte Kamera. Sie selbst schmökert andächtig in einem kitschigen Liebesroman und überreicht mir die Coaching-Lügen? Das geht doch nicht mit rechten Dingen zu!

Ich schaue nach oben. Aufgrund der Begebenheiten vor Ort bleibt mein Blick an der Decke des Zugabteils hängen. Mausgrau und deutlich renovierungsbedürftig. Ich höre ein zustimmendes, leises Lachen. Als Kind habe ich jeden Abend mit dem lieben Gott gesprochen – in der Hoffnung, er möge mir das gewünschte Fahrrad oder die neue Puppe herbeizaubern. Hat leider nie funktioniert, daher habe ich das mit dem lieben Gott auch irgendwann aufgegeben. Dass er von sich aus mit den Leuten redet, davon habe ich noch nie gehört. Irgendwoher muss das leise Lachen aber ja kommen. Wenn nicht von ihm, kann es nur noch eine innere Stimme von mir sein, die ich noch nicht kenne. Das wird ja immer besser, wenn sich nun schon irgendwelche Anteile der Leonie in mir verselbstständigen. Obwohl ich sehr neugierig auf den Inhalt bin, beschließe ich, das Buch erst nach meiner Ankunft zu lesen. Dann nicke ich ein und verschlafe die erste Stunde meiner Reise komplett.

Irgendwann ruckelt es plötzlich komisch. Ach so, der Zug. Ich mache die Äuglein auf, erkenne wieder, wo ich bin, und stelle fest: Huch, die nette Dame sitzt nicht mehr an ihrem Platz. Bestimmt ist sie nur auf der Toilette. Mir wird gerade dennoch etwas unheimlich und ich frage mich, ob sie womöglich nur eine Erscheinung war. Das Buch in meinen Händen spricht deutlich dagegen. Bevor ich dem Phänomen weiter nachgehen kann, brauche ich Essbares. Himmelherrgott noch mal, mein Magen knurrt lauter als der eines ausgewachsenen Löwen nach zwei Wochen Jagdpause. Ich will mich eben von meinem Platz erheben und in den Speisewagen gehen, als eine Durchsage durch den Lautsprecher ertönt.

„Nächster Halt: Bahnhof Lüneburg!"

Auch das noch, denn dort muss ich umsteigen. Mein Magen wird sich wohl noch etwas gedulden müssen. Ich hieve meinen Koffer aus dem Gepäckfach, schnappe mir meine Handtasche und bewege mich den schmalen Gang entlang zum nächsten Ausgang. Zehn lange Minuten stehe ich dort herum. Dann endlich hält der Zug.

Danach bleiben mir exakt 33 Minuten, bis es unter meinem Hintern erneut ruckelt und sich der ICE bis zum nächsten Halt in Zürich wieder in Gang setzt. Jetzt heißt es, viele weitere Stunden plus einen Umstieg in die Bimmelbahn herumkriegen, bis meine Selbstheilung endlich beginnen kann. Entsprechend müde komme ich nach insgesamt 11 Stunden Fahrt in Maienfeld an. Ein Taxi chauffiert mich vom Bahnhof zu Frieda. Auch wenn ich sehr hungrig und verdammt erschöpft bin, außerdem frisch gebackene Singlefrau mit Essphobie, freue ich mich wie ein kleines Kind darauf.

Der Taxifahrer ist redselig. Es stört ihn überhaupt gar nicht, dass ich nie antworte. Ich verstehe ihn leider ganz schlecht. Er plappert abwechselnd in Schwyzerdütsch, Italienisch und Französisch. Da enden meine Fremdsprachenkenntnisse abrupt. Ich lächle ihn freundlich an. Lächeln ist ja weltweit universell verständlich. Sowieso habe ich gar keine Zeit zum Quatschen. Ich muss die schöne Schweizer Landschaft bestaunen. Original wie aus dem Heidi-Film. Das liegt sicher daran, dass ich mich inmitten des Heidi-Landes befinde. Ich rechne also schwer damit, irgendwo auf den Alm-Öhi oder Peter zu treffen. Ich bin für alle Begegnungen offen. Nur Fräulein Rottenmeier, auf die kann ich gern verzichten. Gestrenge Damen mittleren Alters sind einfach nicht mein Ding.

„Da macht zwanzg Franggä. Di 30 Rappe schenki dir."

Ich meine, die Zahl 20 aus dem Satz herauszuhören. Daher strecke ich dem netten Taxifahrer einen 20-Franken-Schein unter die Nase. Scheint richtig zu sein. Er nickt, plappert erneut Unverständliches, während er mir meinen Koffer aus dem Kofferraum holt und direkt vor dir Füße stellt.

„Tschüss", sage ich noch und winke mit der linken Hand. In der rechten halte ich meinen Koffer fest umklammert, der mir plötzlich viel schwerer vorkommt als heute Morgen. Liegt bestimmt an der schwindenden Energie aufgrund Kalorienmangels. Auf dem Hof gibt es bestimmt lecker Abendessen. Mir läuft das Wasser im Mund zusammen. Doch zunächst schaue ich mich staunend um. Ich komme mir vor wie im Paradies. Vor mir ein großes Holzhaus, wie ich es noch nie zuvor gesehen habe: Es besteht aus rundum dicken, schweren Holzbalken, dazwischen süße kleine Fenster mit karierten Gardinen. Vor dem Haus ein Blütenmeer an Büschen und Blumen. Rechts von mir dringt lautes Muhen an mein Ohr. Offensichtlich befindet sich dort der Kuhstall. Alles wirkt idyllisch ländlich und naturbelassen, ganz so, wie ich das liebe. Ich öffne die rustikale Holztür und sofort gelangen undefinierbar leckere Gerüche in meine Nase. „Hallo?", rufe ich zaghaft. Eine kleine, rundliche Frau kommt mir entgegen und wischt sich ihre Finger an ihrer geblümten Schürze ab.

„Du musst Leonie sein. Willkommen bei uns. Hast du Hunger?", begrüßt sie mich in akzentfreiem Hochdeutsch.

Ich bin erstaunt und gleichzeitig erleichtert. Das wird die beidseitige Verständigung in den nächsten drei Wochen vereinfachen.

„Oh ja, danke. Und wie!"

Sie führt mich durch einen breiten Gang, von dem weitere Holztüren abgehen. Bei sechs muss ich aufhören zu zählen, da wir am Ort des Geschehens angekommen sind. Dem Duft nach zu urteilen, identifiziere ich den Raum als Wohnküche.

„Setz dich. Hattest du eine angenehme Anreise? Ich bin übrigens Lykke", stellt sie sich vor.

Das klingt für meine Begriffe nicht sehr Schweizerisch. Genauso wenig wie ihr astreines Hochdeutsch. Zudem will es so gar nicht zu Lykkes Optik passen, denn ihr Haar fällt in rabenschwarzen, lustigen Locken auf die Schultern und ihr Teint wirkt ziemlich südländisch. Scheinbar ist sie Irritationen diesbezüglich gewohnt.

„Faible meiner Mom. Sie kommt aus Norddeutschland und ist Schweden-Fan, mein Vater wiederum gebürtiger Spanier."

Das erklärt alles. Ehrlich gesagt wäre mir jedoch lieber, ich könnte vorrangig meinen knurrenden Magen stillen, bevor wir uns weiter unterhalten. Er macht sich sehr laut bemerkbar, was auch Lykke nicht überhört haben kann. Fünf Minuten später stehen die tollsten Gaben vor mir auf dem Tisch: Eine Berner Platte, die locker für zehn Personen ausreichen würde. Außerdem selbstgebackenes Brot, Schweizer Käse, Bündnerfleisch und eine köstlich duftende Suppe. Am Ende des Tischs wartet dann noch eine Torte darauf, zum Nachtisch verputzt zu werden. Juhu, Torte! Ich mag Kuchen in jeglicher Form außerordentlich.

„Hat's dir geschmeckt?", fragt mich Lykke, nachdem ich von allem reichlich gegessen habe.

Eine völlig überflüssige Frage, wenn man sich die deutlich geleerten Teller und Schüsseln anschaut. Ich nicke nur, denn ich kaue noch an meinem letzten Happen Torte.

„Komm, ich zeig dir dein Zimmer."

Oh ja, das wäre super. Mir fallen fast die Augen zu. Kein Wunder, wenn du eine Bahnfahrt voller Coaching-Lügen hinter dir hast und zudem nach dem Essen kein bisschen Blut mehr übrig, das dein Hirn mit frischem Sauerstoff versorgen könnte. Es versammelt sich gerade schwerpunktmäßig in meinen Verdauungsorganen. Dort hat es verdammt zu ackern an diesem ersten Abend meines Urlaubs in der Schweiz.

Der

reinste

Schwachsinn

Erstaunlich, wie schnell man zu neuen Gewohnheiten übergehen kann. Meine sehen derzeit so aus: vom Muhen der Kühe gegen sechs Uhr geweckt werden. Mir genüsslich alle Glieder recken, fit wie Turnschuh aus meinem urigen Holzbett hüpfen und mir eine Ladung kaltes Wasser aus dem Waschbecken ins Gesicht schaufeln, das sich direkt neben der Tür befindet. Dabei keine Sekunde an Jonas oder irgendwelche Phobien denken, weil ich fast vergessen habe, dass es diese beide Angelegenheiten in meinem Leben je gegeben hat. Dann schnell Haare zum Zopf binden, verwaschene Jogginghose an und pinkfarbenes Hoodie über den Kopf gestreift. Damit bin ich bereit für Frieda, meine neue Freundin. Bevor sie mit ihren anderen Kolleginnen auf die Weide darf, sage ich ihr immer guten Morgen. Pink gefällt ihr außerordentlich, sie muht besonders laut, wenn ich mit dem Ding zu ihr in den Stall komme. Daher ziehe ich das Hoodie auch fast jeden Tag an. Lykke unterstützt mich dabei dergestalt, indem sie es mir netterweise regelmäßig in die Waschmaschine wirft und tagsüber auf der Wäscheleine von der Schweizer Sonne trocknen lässt. Frieda muss also allenfalls einen Tag auf Pink verzichten. Das ist kein Problem für sie, wie sie mir vor zwei Tagen bestätigte.

Ich unterhalte mich mit Frieda bei meinem Besuch mal wieder über Gott und die Welt. Sie ist eine sehr gute Zuhörerin. Nach einer halben Stunde werden wir hungrig. Sie kaut an ihrem Heu herum, während ich von meinem mitgebrachten Brot abbeiße. Dick bestrichen mit Butter, die so gut schmeckt, dass ich drin baden könnte. Das Ganze großzügig belegt mit selbstgemachtem Käse. Da dafür auch Friedas Milch verwendet wurde, gebe ich ihr selbstverständlich ein Stück davon ab.

„Frieda, stell dir vor", erkläre ich ihr meine neusten Erkenntnisse nach dem Studieren meines Positiv-Denken-Buches. „In Kapitel 4 steht tatsächlich, dass ich mich jeden Tag vor den Spiegel stellen soll."

Frieda schaut mich aus ihren großen braunen Augen an, als wolle sie sagen „So 'n Quatsch!"

„Ja, ne? Der reinste Schwachsinn. Finde ich auch!"

Ich erkläre ihr, dass das noch lange nicht alles ist. Während ich vor diesem Spiegel stehe, solle ich mir Affirmationen runterpredigen. Jeden Tag dieselben. Nach zehn Tagen müssen diese durch andere ersetzt werden. Momentan bin ich noch bei Stufe eins der Umprogrammierung meines Unterbewusstseins. Keine Ahnung, ob die Affirmationen in Stufe zwei weniger schwachsinnig sind. Ich habe keine rechte Lust mehr, weiterzulesen, da mir inzwischen das ganze Buch schwachsinnig vorkommt. Daher stecke ich bei Seite 35 fest und habe es bis jetzt auch nur einmal getan. Am allerersten Morgen. Da stand ich vor dem Spiegel, der mich ganz schön doof anschaute, als ich ihm die Affirmationen um die Ohren gehauen habe. Vermutlich war es sogar ich selbst, die doof schaute. Das ist jetzt völlig unerheblich, wie ich finde. Jedenfalls ist es das Doofste, was ich je in Sachen Essphobie unternommen habe. Noch tausendmal doofer als Martin oder Frau Burgteheide. Und das will was heißen.

„Ich freue mich jedes Mal sehr, wenn ich mit Freunden oder Bekannten auswärts essen gehe. Es gibt mir ein gutes Gefühl."

Natürlich habe ich das Wort „Freunde" durch „Mister Li-Wang" ersetzt, damit das Ganze bei mir auch wirken kann. Außer einem Lachanfall hat es bei mir aber gar nichts ausgelöst. Schon gar kein gutes Gefühl. Dieser Autoren-Coach sollte sich das mal selbst aufsagen. Dann würde er merken, wie bescheuert es ist, was er sich da ausgedacht hat. Aus reiner Neugierde habe ich mir die Affirmationen für andere Ängste auch mal angeschaut. Ich dachte erst, ich bin in einem Witzebuch für Erwachsene gelandet:

„Ich bin gut darin, Geld zu verdienen!"

„Ich verdiene bedingungslose Liebe!"

„Meine Partnerschaft ist zu jeder Zeit konstruktiv!"

Vor allem über die letzte Affirmation muss ich mich mit Frieda ausführlich austauschen. Wir brauchen für unser Gespräch heute daher länger als üblich, denn das Thema ist kompliziert. Zufällig kenne ich mich aus. Da kann ich mir den Satz vor dem Spiegel bis ins nächste Jahrtausend herunterleiern – das ändert nichts an der Tatsache, dass Jonas nicht ganz dicht ist.

„Muuuuuh", findet Frieda. Bei Zustimmung muht sie immer eine Oktave tiefer und außerdem langgezogener als sonst.

„Frieda, ich wusste, dass du mich verstehst. Was meinst du, soll ich das Buch einfach wegschmeißen?"

„Muh!"

„Nicht? Was dann?"

Frieda dreht sich mit Blickrichtung gen Ausgang. Ich folge ihrem Hinweis, der exakt auf Höhe des Misthaufens endet, der sich etwa 30 Meter neben dem Stall auftürmt.

„Ach so, das meinst du? Ja, das wäre natürlich auch eine Lösung."

Wichtige Angelegenheiten soll man immer gleich erledigen. Dazu brauche ich auch keinen Coach, um das zu wissen. Und schon gar keine dusselige Affirmation. Lebenserfahrung reicht dazu völlig. Mit der Energie eines Orkans schreite ich von Stall in Richtung Haus.

„Tschüss Frieda, bin gleich wieder da", rufe ich noch.

Dann marschiere ich schnurstracks in mein Zimmer, schnappe mir das Buch. Danach stapfe ich wieder in den Stall zu den gelben Gummistiefeln. Lykke sagte mir, ich könne sie jederzeit anziehen, sofern ich sie brauche. In dieser Sekunde ist es so weit. Frieda vergisst vor lauter Staunen das Kauen, und das kommt bei einer Kuh so selten vor wie ein Sandsturm in der Antarktis. Ich kämpfe mich mit meinen viel zu großen Gummistiefeln mittenrein in den riesigen Misthaufen. Lykke beobachtet das Ganze zufällig, als sie gerade die Ziegen melken gehen will. Ich stapfe weiter und wie von der Tarantel gestochen in diesem Misthaufen herum. Dabei gebe ich wirres Zeug von mir, das überhaupt keinen Sinn macht. Liegt aber ja nicht an mir, sondern ist dem Thema geschuldet. Mein Buch steckt dabei vorne in meiner Hoodietasche und schaut recht ängstlich drein. Wahrscheinlich weiß es, was ihm gleich blühen wird. Ich nehme die Mistgabel zur Hand, die grundsätzlich im Misthaufen steckt, grabe ein sehr tiefes Loch. Darin pfeffere ich mein Buch hinein und schaufele es mit so viel Mist zu, wie der Hof an diesem Morgen hergibt. Und das ist heute wirklich außergewöhnlich viel.

„Leonie, alles gut bei dir?", ruft Lykke zu mir rüber.

„Danke, jetzt schon!", antworte ich mit hochrotem Kopf.

„Wenn du reden willst, jederzeit gern."

Ein verlockendes Angebot, das ich bestimmt annehme. Aber nicht jetzt. Ich gehe auf mein Zimmer zurück, befreie mich am Waschbecken vom Mistgeruch, der mir aus allen Poren kriecht, ziehe die stinkenden Klamotten aus sowie frische wieder an. Dabei fällt mir erneut auf, wie wohl ich mich in meinem einfachen Gästezimmer fühle. Es gibt hier keinen Luxus, doch alles ist mit ganz viel Liebe gemacht. Wie beispielsweise die Blümchen, die mir Lykke jeden Tag frisch auf den kleinen, runden Holztisch vor dem Fenster stellt. Und wie im gesamten Haus finde ich die selbstgenähten, bunten Gardinen am Fenster herzallerliebst. Sie sehen aus wie aus einer Puppenstube.

Ich schnappe mir die stoffigen Stinkbomben und mache mich mit ihnen auf den Weg in die Waschküche. Dort werfe ich sie lieber mal gleich in die Waschmaschine, damit sich der Geruch nicht durch alle Zimmer ausbreitet. Danach noch schnell in der Küche eine kleine Stärkung zurechtgemacht und Wasser in eine Trinkflasche gefüllt.

„Lykke, ich bin den Rest des Tages unterwegs", gebe ich meiner Gastgeberin bekannt, als ich aus dem Haus stürme.

„Okay, aber verlauf dich nicht."

Ich glaube, sie macht sich Sorgen. Das würde sich vermutlich jeder machen, der eine schreiende Frau auf einem Misthaufen beobachten musste, die soeben ihre Affirmationen darin beerdigte.

Links von mir Berge.

Rechts von mir Berge.

Vor mir eine Blumenwiese.

Ich laufe bergauf. In den Bergen geht es immer bergauf und das ist nun nichts Neues für mich. Schließlich bin ich schon zwei Wochen hier und habe bereits unzählige Male ich weiß nicht wie viele Höhenmeter zurückgelegt. Meine Oberschenkel sind straffer denn je und von meinem Popo will ich gar nicht sprechen. Heute aber sticht die Sonne ganz schön auf mein Haupt. Den Blumen auf der Wiese scheint das zu gefallen. Sie recken ihre kleinen Köpfe quietschvergnügt nach oben. Mein Kopf dagegen hat nur eines im Kopf: Wasser! Ich habe so einen Durst und da ich ja nicht auf der Flucht bin (oder doch?), setze ich mich nach nicht mal einem halben Kilometer ins Gras – direkt unter eine einsame Kiefer, die mit ihren spärlichen Nadeln ein bisschen Schatten spendet. Im Gegensatz zu den Kiefern im Sachsenwald sieht diese hier allerdings seltsam geschrumpft aus. Als hätte sie sich irgendwann überlegt: „Hm, ach nö, hab jetzt keine Lust mehr weiterzuwachsen. Ich bleib so." Am Fuße der Schweizer Berge ist halt alles anders. Auch die Butterblumen sind kleinwüchsig, dafür in der Ausbildung ihrer Blüten umso motivierter.

„Das sind Trollblumen, Leonie", hat mir Lykke gleich zu Beginn meiner Auszeit auf dem Hof erklärt, als ich von meinem allerersten Ausflug in der Natur zurückkam.

Ich setze meinen kleinen Rucksack ab und krame darin nach der Wasserflasche. Was sehen meine Augen? Die Coaching-Lügen! Ich bin mir sehr sicher – sogar extrem bombensicher –, dass ich die vorhin nicht mit reingelegt habe.

„Warst du das?", frage ich und schaue zu den Wolken hinauf, die im Schneckentempo von einem Berg zum nächsten ziehen. Eventuell sitzt der liebe Gott ja auf so einer und hat mich dabei immer im Blick. Er hatte wohl gerade nichts anderes zu tun und dachte sich dann: „Mädchen, hier, bitte schön. Damit dir in den Bergen nicht langweilig wird."

Eine Möglichkeit. Jedoch eine sehr unwahrscheinliche.

Auf einer Wolke sitzt kein Mensch. Wir denken nur, dass das so ist – bis wir ungefähr 10 Jahre alt sind. Dann werden wir Tag für Tag schlauer und durchschauen die Aussagen der Erwachsenen immer mehr. Beispielsweise auch, was den Weihnachtsmann angeht. Wobei der ja gar kein echter Mensch ist und der liebe Gott sowieso nicht. Deswegen kriegt er Dinge hin, die man sich kaum erklären kann. Sein Sohn beispielsweise konnte sogar über Wasser laufen. Bestimmt ist er selbst also durchaus in der Lage, Bücher klammheimlich in Rucksäcke zu schummeln, während normale irdische Wesen wie ich sich mit Kühen unterhalten. Naja, so halbwegs normal jedenfalls. Ich muss dabei an meine Phobie denken und wie sie mich beim letzten Besuch von Mister Li-Wang in die Notaufnahme beförderte. Alles andere als normal ist das. Bei dem Gedanken kriege ich jetzt ein bisschen Furcht. Was, wenn gar nicht der liebe Gott, sondern mein Geisteszustand die Erklärung für das Phänomen mit dem Buch ist?

Es soll ja Menschen geben, die machen irgendwas, merken das aber gar nicht und können sich erst recht nicht mehr dran erinnern.

Ich nehme das Buch zur Hand und schlage es auf irgendeiner Seite wahllos auf. Ich lande bei Coaching-Lüge 7: „Du bist für alles selbst verantwortlich." Hirnverbrannter Quatsch! Ich bin aufgrund dieses einen Satzes dermaßen außer mir, dass ich die wirklichen Zusammenhänge von Coaching-Lüge 7 gar nicht mehr wahrnehme. Und die sind ganz anders, als ich das mit platzender Hutschnur erkennen kann.

„Ich bin verantwortlich? Für was überhaupt? Niemals! – abgelehnt", schmettere ich die Aussage sofort nieder, ohne auch nur ein Wort weiterzulesen.

„Na, für deine Phobie", flüstert eine leise Stimme, die sich in letzter Zeit immer öfter zu Wort meldet.

„Halt die Klappe!", setze ich dagegen.

„Na, wer soll es denn sonst gewesen sein?"

Die Stimme ist ganz schön aufmüpfig.

„Herr Sockitt, das weißt du doch!"

Das Gespräch mit meinen inneren Stimmen findet inzwischen nicht mehr nur gedanklich statt. Ich merke es daran, dass ich den letzten Satz recht laut in die Berge hinausrufe. Als suche ich weitere Beweise für meine Aussage und blättere ein paar Seiten weiter und wieder an den Anfang zurück. Reine Gewohnheit meinerseits aus beruflichen Gründen. In so einem Gesetzesbuch finden sich immer irgendwelche Stellen, die Licht ins Dunkel einer Angelegenheit bringen.

Einige Seiten weiter vorne fällt mir bei Coaching-Lüge 3 die nächste Überschrift ins Auge: **„Alles ist möglich!"**

„Isses nicht!", protestiere ich erneut vehement und muss dabei an meine Phobie denken, die ich lieber gestern als heute aus meinem Leben verbannen würde. Geht aber nicht. Von wegen „Alles ist möglich!".

„Lies doch mal weiter, was nach der Überschrift kommt", meldet sich diese komische Stimme wieder.

„Keinen Bock mehr!", entscheide ich und schlage das Buch zu. Als ich ein bockiger Teenager war – und ich war damals extrem bockig –, sagte Mutti bereits immer zu mir, ich würde viel zu schnell die Schotten dicht machen, wenn mir etwas nicht passt. Die wahren Zusammenhänge einer Tatsache könne ich auf diese Weise gar nicht mehr mitkriegen, weil das mit geschlossenen Schotten einfach nicht geht. Mir doch grad egal! Diese beiden Autoren des Buchs können sich ihre Coaching-Lügen sonst wohin stecken. Ich stopfe es daher umgehend zurück in den Rucksack, trinke mein Wasser leer und laufe zurück zum Hof.

„Schon wieder da?", fragt Lykke erstaunt.

„Ja!", antworte ich mit zornigem Blick.

„Muh?!", entgegnet Frieda, die heute keine Lust auf Weide hatte und neugierig aus dem Stall herausschaut.

„Lasst mich doch alle in Ruhe", beende ich die Unterhaltung und gehe auf mein Zimmer. Dort lege ich mich auf mein Bett und starre an die Zimmerdecke.

„Leonie?", eine zaghafte Stimme von außen. Es ist Lykke, die vor der Tür steht.

„Darf ich reinkommen?"

„Von mir aus!"

Ich war zugegeben schon höflicher als heute, das schreckt Lykke mal gar nicht. Sie setzt sich lächelnd auf mein Bett und sagt zunächst nichts. Sitzt nur da. Von ihr geht eine sanfte Ruhe aus, die mich irgendwie ziemlich beruhigt.

„Ich mache uns erst mal einen Kaffee. Und Rüblitorte ist auch da. Kommst du mit?"

Bei Rüblitorte kann ich natürlich nicht widerstehen. Die von Lykke ist einfach zu grandios, als dass ich sie ausschlagen könnte. Ich folge ihr in die Küche und habe sowieso noch keine gemütlichere Küche gesehen als diese. Schade, dass sie darin immer alleine stehen muss. Ich stelle mir das toll vor, wenn du zusammen mit deinem Ehemann in so einer Küche die Zwiebeln für beispielsweise die Käsespätzle schneidest, dabei zusammen weinst und gleichzeitig lachst. Dann die Käsespätzle ins Wasser beförderst und das Mahl am gemütlichen Küchentisch verschnabbulierst. In einer Hinsicht teilen Lykke und ich uns jedoch ein Schicksal: Wir sind beide Singlefrauen. Ich zwar erst seit wenigen Tagen und Jonas weiß noch nichts davon. Das wird sich bald ändern. Jedenfalls ist das der Grund, warum Lykke nun mir einen Kaffee macht anstatt ihrem Liebsten. Dieser Umstand kann uns überhaupt nicht davon abhalten, die Rüblitorte mit Hochgenuss zu verspeisen. Wir sind jeweils schon beim zweiten Stück angekommen. Lykke bemisst die Portionen seit meiner Ankunft recht großzügig. Sie hat bereits am ersten Abend mitgekriegt, dass ich futtern kann wie ein Scheunendrescher.

„Magst du es mir erzählen?" Sie tastet sich vorsichtig heran.

„Was?"

„Was dich so wütend macht."

Da fällt mir gerade einiges ein. Ich wüsste also gar nicht, wo ich anfangen soll mit der Aufzählung.

„Mein Freund hat einen Dachschaden und ich eine Essphobie."

Lykke schaut mich fragend an. Das mit dem Dachschaden kann sie vermutlich gut nachfühlen. Sie ist Mitte Fünfzig und hat schon eine Ehe sowie diverse Beziehungen hinter sich. Dass ich allerdings eine Essphobie haben soll, das ist unter den gegebenen Umständen schwieriger nachzuvollziehen. Ich platziere mir gerade das dritte Stück Kuchen auf dem Teller.

„Wie äußert sich die Essphobie?" Lykke will es genauer wissen.

„Ich kriege Panik, wenn Mister Li-Wang aus China kommt und Schmorbraten mit mir und meinen Kollegen essen will."

Auch das ergibt zugegeben wenig Sinn. Doch Lykke zeigt sich geduldig. Es braucht halt auch seine Zeit, bis ich die Sache zwischen jeweils zwei Kauvorgängen etappenweise erklären kann. Nach dem dritten Stück Kuchen bin ich erst mal satt und erzähle ihr die ganze Geschichte. Noch nie im Leben habe ich einen solchen langen Monolog von mir gegeben. Selbst mein legendäres letztes Plädoyer zum Ende meiner Kanzleitätigkeit, über das sogar die Lübecker Nachrichten berichteten, dauerte höchstens halb so lang.

„Ich verstehe", sagt Lykke.

Sonst nichts.

Wir sitzen schweigend in der Küche.

Gerhard, der Hofhund, liegt zu unseren Füßen.

Auch er hat kein Wort dazu zu sagen. Er schnarcht lieber genüsslich vor sich hin. Nach einer langen Zeit des Schweigens schaut Lykke mich an.

„Warum sagst du denen nicht einfach, was los ist?"

„Wem?"

„Deinen Kollegen und Mister Li-Wang?"

Bei der Aussage kippe ich fast vom Stuhl vor Fassungslosigkeit.

„Auf keinen Fall!!!"

„Wieso nicht?"

„Weil das nicht geht!"

„Wieso geht das nicht?"

„Weil nicht."

Die Antwort ist jetzt nicht sehr aussagekräftig. Genau genommen habe ich keine vernünftige dafür parat. Und das fällt mir selbst erst jetzt so richtig auf – nach Beerdigung meiner Affirmationen, einem abgebrochenen Ausflug in die Berge sowie dem dritten Stück Rüblitorte.

Heute ist alles anders. An meine Ohren dringt das scheppernde Geräusch eines Müllwagens. „Was will der denn hier auf dem Hof?", denke ich mir noch so im Halbschlaf. Dann mache ich die Augen auf. Ich liege in meinem eigenen Bett anstatt in dem mit der grün-rose-gelb-karierten Bettwäsche. Nun wird mir einiges klar. Mein erster Morgen zurück in Lübeck startet mit der städtischen Müllabfuhr, die draußen ganz schön lautstark Rabatz macht. Das Muhen von Frieda wäre mir sehr viel lieber gewesen. Ich nehme die Tatsache leicht melancholisch zur Kenntnis. Dieses seichte Gefühl schwindet sogleich, als mir einfällt, dass heute außerdem noch Schwerwiegendes mit Jonas zu klären wäre – jetzt, wo ich wieder zurück in der zivilisierten Welt bin. Auf der Rückfahrt im Zug gestern überlegte ich mir bereits ausführlich, wie ich die Sache erledigen könnte. Drei Möglichkeiten kamen mir dabei in den Sinn:

1. Eine Chatnachricht schreiben: „Es ist aus. Deine Zahnbürste und anderen Utensilien schicke ich dir per Post."
2. Gar nichts mehr schreiben, wortlos aus seinem Leben entschwinden und die Utensilien einfach in den Müll werfen.
3. Bei ihm aufkreuzen und einen Hollywood-liken Abgang hinlegen.

Ich schwanke zwischen 2. und 3. Da der Samstag erst angefangen hat und vorab Dringlicheres zu erledigen ist, verschiebe ich die finale Entscheidung auf später. Zuerst sollte ich etwas Essbares in den Kühlschrank bekommen. Nach drei Wochen Abwesenheit glänzt dieser mit gähnender Leere, während mein Magen mich recht penetrant daran erinnert, dass Frühstückszeit wäre.

Gegen halb neun stehe ich fertig angezogen in den Startlöchern und zehn Minuten später mitten in meinem Lieblings-Supermarkt in St. Lorenz Nord.
„Guten Morgen, Leonie. Na, wie war's in der Schweiz?"
Rudolf ist auch schon auf den Beinen und tätigt seinen Wochenend-Einkauf. Auf Höhe der Kaffeefilter begegnen wir uns. Sein Einkaufswagen ist bereits randvoll.
„Hi Rudolf, danke der Nachfrage. Schön war`s."
„Und hast du die Überraschung schon gesehen?", will er von mir wissen.
„Oh sorry, Rudolf, war gestern echt spät. Bin einfach nur ins Bett gefallen und hatte für nichts mehr einen Kopf."
„Verstehe ich", meint er verständnisvoll.
„Mach hinne", ruft indes mein Magen. Er findet es eine extrem ungünstige Zeit, um über solche Sachen zu diskutieren. Er zeigt das mit einem deutlich aufkommenden flauen Gefühl.
„Rudolf, nicht böse sein. Ich habe einen Riesen-Hunger und muss dringend frühstücken. Wir reden heute Abend weiter. Ich lade dich gern zum Essen ein als kleines Dankeschön fürs Kümmern. Gegen acht bei mir?"
„Jau, acht Uhr ist prima."
„Prima, dann bis um acht."
„Bis um acht."

Die nächste halbe Stunde vergeht wie in Zeitraffer. So sehr beeile ich mich, nach Hause zu kommen, Kaffee zu machen, mein erstes Frühstücksbrot zu schmieren. Ich schaue mir dabei bedächtig das kleine Abschiedsgeschenk von Lykke an, das ich gestern Abend zusammen mit anderem Krimskrams aus meiner Handtasche gedankenlos neben der Kaffeemaschine ablegte. Ein Engelanhänger aus Holz, der ab sofort auf mich aufpassen soll. Ach, die Lykke ist einfach goldig. Dann endlich kann sich mein Magen über Kaloriennachschub freuen. Nach dem ersten Brötchen fällt mir ein, dass ich zwischendurch Rudolfs Überraschung entdecken gehen könnte. Ich ahne, worum es geht und tatsächlich: Ich ahnte richtig!

Meine Yucca-Palme sieht schwer verändert aus. Ist mir heute Nacht bei der Rückkehr gar nicht aufgefallen. Ich war viel zu müde, um überhaupt noch irgendwas zu registrieren. Das soll meine Palme sein? Was drei Wochen Nachbarschaftshilfe alles bewirken können – dank Dr. Rudolf, Experte für traurige bis scheintote Zimmerpflanzen. Denn im Schlafzimmer hat sich während meiner Abwesenheit ein noch größeres Wunder zugetragen. Meine Pflanze dort lacht mir quietschfidel entgegen, als sei sie aus dem Reich der Toten auferstanden. Wie er das hingekriegt hat, muss er mir heute Abend unbedingt erklären. Ich hingegen erkläre nun als erstes Jonas, dass er schon seit drei Wochen Single ist – ohne, dass er davon wusste. Meine Entscheidung des „Wie gehe ich die Sache an?" fällt spontan auf Möglichkeit drei. Theatralische Abgänge liegen mir einfach zu gut, um es anders zu handhaben. Da kommt mir die spontane Idee, dass ein Abschiedsgeschenk die Theatralik um ein Vielfaches potenzieren wurde. Ich könnte ihm doch ein schickes Geschenkepaket schnüren und überreichen – mit allen Utensilien, die der Herr hier bei mir noch so rumliegen hat: Zahnbürste, zwei Paar Socken, vier Boxershorts mit Palmen drauf, ein Foto von Mutti, drei Kondome in Größe XL – wobei Größe M für sein Ding locker ausgereicht hätte. Ein Karton muss her. Da ich keinen finde, schmeiße ich das Zeug in meinen grünen Putzeimer aus dem Badezimmer. Der müffelt ganz schön, also genau richtig für mein Vorhaben. Im Wohnzimmerschrank finde ich eine Rolle Geschenkpapier. Rosa mit knallroten Herzen darauf, die von kleinen Teddybären umrahmt werden. Ich wickele es um den Eimer herum und schnüre es oben mit Geschenkband zu. Das Ergebnis sieht toll aus. Ich hole meine Handtasche, werfe meinen Engel hinein. Los geht's zu Jonas, den ich während der ganzen Zeit unseres Zusammenseins komischerweise nie bei sich zu Hause besuchen durfte. Er war immer nur bei mir. Das macht das Vorhaben um ein Vielfaches spannender. Für ihn und auch für mich.

Jonas wohnt etwas außerhalb von Lübeck. Gut so, dann habe ich während der Fahrt genügend Zeit, Nadine telefonisch über die neusten Entwicklungen zu unterrichten, die sich am Abend vor meiner Abreise zugetragen haben. Davon weiß sie ja noch gar nichts.

„Was für ein Idiot!", resümiert sie meine Erzählungen.

Das ist nach unserer letzten Unterhaltung und ihrer Beichte vom Park die reinste Untertreibung.

„Magst du heute Abend zum Essen kommen? Rudolf ist auch da."

„Rudolf?"

„Ja, mein Nachbar mit dem grünen Daumen. Stell dir vor, er hat meine Pflanzen wiederbelebt."

„Okay, ich komm!"

„Tschüss, Nadine, ich muss auflegen, parke gerade vor Jonas Wohnung ein."

„Good luck, du schaffst das schon."

„Klar, was auch sonst!"

Ein bisschen traurig bin ich jetzt schon. Aber nur ein kleines bisschen. Jonas ist für mich nahezu schon abgehakt. Bei Idioten geht das bei mir relativ schnell.

„Hallo, Jonas", begrüße ich meinen Ex, der sehr erschrocken dreinschaut, als er mir nach dem Klingeln die Haustür öffnet. Dabei habe ich ihm das Wichtigste an diesem Besuch noch nicht mal mitgeteilt.

„Leonie, äh, was machst du denn hier?"

Eine Art von Begrüßung, wie sie wohl nur Jonas zustande bringt. Sie bestätigt mir augenblicklich, dass ein theatralischer Abgang genau das Richtige ist.

„Ja, so kann's passieren. Gestern noch in der Schweiz, schwupp, stehe ich vor deiner Tür."

Er ist offensichtlich nervös. Wäre ich auch, wenn mir gleich das blühen würde, was ihm unmittelbar bevorsteht.

„Können wir uns vielleicht heute Abend sehen? Grad ist ganz schlecht."

Glaube ich ihm aufs Wort, denn ich entdecke im Flur schwarze Pumps. Und die sehen gar nicht so danach aus, als ob sie einer gehbehinderten älteren Dame gehören würden. Wobei ich inzwischen sowieso vermute, dass es diese ältere Dame in seinem Haushalt gar nicht gibt.

„Wie geht's deiner Mom?", lenke ich das Gespräch in die richtige Richtung. Und zwar in Richtung Showdown.

„Naja, was soll ich sagen …", stottert er herum wie ein Zehnjähriger.

„Schöne Schuhe!"

Weiter geht's im Leonie'schen Theatralik-Programm. Ich zeige auf die Pumps und frage ganz nebenbei, ob seine Mom sich die für den nächsten Opernbesuch gekauft hat.

„Die sind von meiner Schwester", erklärt er schnell.

Die wohl dämlichste Lüge, die mir je untergekommen ist. Und als Anwältin habe ich wirklich schon viele gehört.

„Ach, wie schön. Deine Schwester wohnt auch hier. Magst du mich nicht mal vorstellen?"

Schon stehe ich im Flur. In der Hand übrigens immer noch das Geschenkepaket.

„Jonas, wo bleibst du denn?" Eine Frauenstimme aus dem Obergeschoss. Sie klingt ungeduldig.

„Ah, deine ‚Schwester' ist oben. Cool, dann sag ich gleich mal Hallo!"

Herrlich, wie sich Gesichtszüge innerhalb von Sekunden verändern können. Ich schlängele mich gekonnt an Jonas vorbei. Schneller, als er schauen kann, bin ich die Treppen hochgeflitzt. Da liegt sie dann auch schon, seine ‚Schwester'. Mitten in seinem Bett, und das auf äußerst reizvolle Weise. Scheinbar mag sie Reizwäsche der besonderen Art. Denn was sie am Leibe trägt, sieht man sonst nur in einschlägigen Pornoformaten. Eine normale Frau würde so was niemals tragen.

„Wie schön, dich endlich kennenzulernen. Ich bin Leonie, Jonas Freundin. Er hat mir noch gar nicht erzählt, dass er auch eine Schwester hat."

Als ich das sage, lache ich schrill gekünstelt. Das gehört zum Programmpunkt und soll so sein. Sie schaut ihn an. Er schaut mich an. Ich schaue auf mein Geschenk. Damit wäre der passende Zeitpunkt gekommen, es ihm zu überreichen.

„Für dich, Jonas, zum 3-Monatigen. Leider etwas verspätet, aber ist ja nicht schlimm, oder?" Ich drücke ihm den stinkenden Eimer in die Hand mit den Worten: „Nächstes Mal kauf bitte wieder Kondome in Größe M. Die in XL, da verliert sich dein Dödel ja total drin."

Jonas' ‚Schwester' sieht gar nicht glücklich aus. Sie windet sich peinlich berührt aus dem Bett. Mir bleibt wohl nichts erspart und ich will wirklich nicht respektlos sein, aber die Dame hat nun nicht gerade den wohlgeformtesten Körper unter der Sonne. Eine Menge Speckrollen suchen sich zwischen den vereinzelten Stofffetzen ihren Weg in die Freiheit. Zudem findet sich dermaßen viel Cellulite auf ihren Oberschenkeln, wie ich das noch bei keiner anderen Frau gesehen habe. Sie ist deutlich älter als Jonas. Ich schätze sie auf Mitte bis Ende Vierzig.

„Ach, du willst schon gehen?", frage ich zuckersüß.

Jonas steht wie versteinert mit seinem Geschenk in der Hand in der Tür und ist völlig überfordert. Ja, so sind sie die Männer. Zwei Frauen gleichzeitig am Start haben, dann aber mit der geballten Frauenpower nicht klarkommen.

„Jonas, ich bin leider auch schon wieder auf dem Sprung. Schade, es wird gerade so gemütlich hier bei dir im Schlafzimmer.“

Keiner sagt ein weiteres Wort. Der perfekte Augenblick für Anwältin Leonie, um zum fulminanten Ende ihres Plädoyers auszuholen.

„Du Arschgesicht, lass dich ja nie wieder bei mir blicken!“

Ich schaue ihm dabei in die Augen. Mein Blick kann sehr bedrohlich wirken, wenn es sein muss. Und jetzt gerade muss das sein! Dann mache ich auf dem Absatz kehrt, marschiere entschlossenen Schrittes die Treppen hinunter, vorbei an den schwarzen Pumps. Knalle dann noch zum Abschied die Türe zu, dass die Wände nur so wackeln. Nun geht's mir gut. Der Rest des Tages kann kommen. Koffer auspacken, Wohnung putzen, Gulasch kochen, meine Lieblingsserie gucken und dann den Abend mit Nadine und Rudolf genießen.

Kurz vor halb sieben am selben Abend. Mir geht es immer noch ausgezeichnet und das Gulasch köchelt seit knapp zwei Stunden vor sich hin. Es klingelt. Ich öffne mit dem größten Messer in der Hand die Tür, das mein Hausstand hergibt. Ich war gerade dabei, die Gurken für den Salat zu schneiden.

„Wow, pack mal lieber das Messer zur Seite“, scherzt Nadine.

„Bin nur ich, nicht Jonas!“

„Du Scherzkeks. Schön dich zu sehen. Komm rein, du kannst übrigens schon mal den Tisch decken.“

Nadine ist die Deko-Queen bei uns in der Familie. Sie zaubert aus nichts die schönsten Arrangements.

„Sag mal, wie ist dieser Rudolf eigentlich so?“

Sie fragt mich das mit einem besonderen Unterton. Dabei faltet sie gerade die Servietten. Und das für meine Begriffe viel zu andächtig.

„Du, ich kenn den im Grunde gar nicht.“

Und das stimmt ja tatsächlich. Ich weiß nur von seinem grünen Daumen und dass er ganz nett ist, jedoch viel zu alt, um mir näher darüber Gedanken machen zu wollen. Er hat die Fünfzig bereits deutlich überschritten. Und von Männern habe ich jetzt sowieso erst mal die Schnauze voll.

„Sieht er gut aus?", bohrt Nadine weiter.

Okay, verstanden, so läuft der Hase.

„Naja, er ist alt."

Das ist alles, was mir dazu einfällt. Männer über Fünfzig kann ich sehr schlecht in gutaussehend oder nicht kategorisieren. Als habe er auf seinen Einsatz geradezu gewartet, klopft Rudolf an der Tür.

„Hey, Rudolf. Das ist Nadine, meine Schwester. Ich habe sie spontan auch eingeladen. Ist hoffentlich okay für dich?", kläre ich erst mal die Formalitäten und wende mich dann wieder meinem Gulasch zu.

Es duftet köstlich. Kein Wunder, darin schwimmt auch fast ein Liter des sauteuren Rotweins, den Jonas mir zu Anfang unserer Beziehung schenkte. Das letzte Überbleibsel seines Daseins wäre damit auch entsorgt.

„Interessierst du dich für Coaching?"

Neugierige Frage von Rudolf. Er und Nadine sitzen in trauter Zweisamkeit am Esstisch. Ich hoffe inständig, sie hat ihm in den letzten 25 Minuten nicht gleich meine ganze Lebensgeschichte anvertraut. Das würde mir gerade noch fehlen.

„Wieso fragst du?"

Mal vorsichtig an die Sache heranpirschen.

„Wegen des Buches hier!"

Welches Buch meint er? Ach so, die „Coaching-Lügen". Das hatte ich vorhin achtlos auf den Stuhl gelegt. Fiel mir beim Kofferauspacken wieder in die Hände. Das Buch verfolgt mich.

„Hat mir eine Mitreisende im Zug geschenkt."

Er muss ja um Himmels willen nicht gleich alles wissen. Im Gegensatz zu mir ist er selbst wesentlich redseliger. Könnte auch am Sekt liegen. Nadine und er haben in der kurzen Zeit bereits dreiviertel der Flasche niedergemacht.

„Ich bin seit knapp einem Jahr im Coaching."

Die Lebensbeichte nimmt ihren Lauf. Ich serviere parallel das Gulasch.

„Voll netter Coach, mein Coach!"

Da ist Rudolf anscheinend um eine Erfahrung reicher als ich. Ich habe bisher nur solche kennen gelernt, die ziemlich blöd sind.

„Und was coacht ihr da genau?"

So unauffällig wie möglich an neue Informationen in dem Bereich zu kommen, kann nicht schaden. Ich hätte da ja auch noch ein kleines Problemchen anzubieten, das nach einer Lösung schreit.

„Ach du, es geht um Erfolg und mein Mindset. Weil weißte: Vom Mindset hängt einfach alles ab. Wirklich alles im Leben!"

Nadine schenkt Sekt nach. Ich halte das für keine gute Idee. Rudolf ist bereits beschwipst. Wobei es gerade dann interessant werden könnte. Betrunkene und Kinder sprechen schließlich immer die Wahrheit. Knapp ein Jahr bei demselben Coach ist eine echte Leistung. Ich könnte ergo an wichtige Infos kommen, wenn ich geschickt genug weiterbohre.

Nadine funkt thematisch dazwischen: „Das Gulasch ist köstlich!"

Ich stupse sie deswegen unter dem Tisch mit dem Fuß an. Sie kapiert nur leider gar nicht, was das soll.

„Erzähl doch mal, Rudolf. Was machst du da im Coaching und was ist dein Ziel?"

Ich glaube, er freut sich über so viel Aufmerksamkeit. Vermutlich würde er sich noch mehr freuen, wenn diese ganzen Fragen Nadine gestellt hätte. Die ist von meinem Fußstupser noch so irritiert, dass sie sich vorsichtshalber ruhig verhält. Jedoch nicht sehr lange.

„Es geht um Erfolg. Und Erfolg zu haben, ist gar nicht so einfach. Ich meine jetzt, richtig Erfolg!"

Ich reiche ihm die Schüssel mit Reis rüber, damit sein Gulasch nicht gar so einsam in seinem Teller herumschwimmt. Parallel warte ich, was für weitere Ausführungen kommen.

„Es ist ja nicht so, dass ich unerfolgreich wäre. Nö, ich bin gut im Geschäft als Unternehmensberater."

Yeah! Klappt super mit dem Abwarten.

Nadine hat einen seltsamen Blick drauf. Den kenne ich in- und auswendig. Er bedeutet: „Was soll das?" Ich antworte ihr zurückblickend, dass sie mich machen lassen soll und nichts Schlimmes im Gang sei. Das beruhigt sie. Diese Blicke haben wir als Kinder einstudiert, wenn wir miteinander kommunizieren wollten, ohne dass die anderen davon was mitkriegen sollten. Vor allem nicht unsere Eltern. Wie man sieht, bewährt sich eine solche Kompetenz über Jahrzehnte.

„Ich schaffe es nur einfach nicht auf das nächste Level. Das ist mein Problem."

Er schaut dabei Nadine an, als erhoffe er sich von ihr eine Antwort – oder zumindest etwas Trost. Zum wiederholten Male wundere ich mich über die Probleme der Leute. Panikattacken bei Geschäftsessen zu bekommen, das ist ein Problem. Aber erfolgreich zu sein und nicht noch erfolgreicher zu werden? Naja, die Ansichten sind halt verschieden.

„Was sagt denn deine Frau dazu?" Nadine klinkt sich erneut in die Befragung mit ein.

„Meine Frau? Meinst du jetzt meine Ex, oder was? Das ist ein geldgeiles Luder. Ja, das ist sie tatsächlich!"

Der arme Rudolf ist ganz durcheinander. Zwei neugierige Frauen am Tisch plus zu viel Sekt plus das nächste Level, das nicht funzen will, plus eine problematische Ex-Frau. Nadines Neugier ist damit erst mal gestillt. Meine noch nicht ganz.

„Und mit dem Coach trainierst du nun quasi dein Mindset, um auf dieses nächste Level zu gelangen?"

„Genau!"

Während des Nachtisches erfahren wir dann noch, dass er ein Jahrescoaching gebucht hat, das ziemlich kostenintensiv ist. Und seine Ex-Frau ihn nach der Scheidung total ausgenommen hat. Es gab leider keinen Ehevertrag und er würde daher nur noch mit Vertrag heiraten. Ja, man lernt immer wieder dazu im Leben. Kenn ich! Was bin ich froh, dass sich die Macken meiner Typen recht schnell herauskristallisiert haben. Ich möchte mir gar nicht ausmalen, wenn das erst mit Ring am Finger passiert wäre. Als Anwältin weiß ich genau, was das bedeutet. Ich kann Rudolfs Erfahrungen daher ziemlich gut nachempfinden.

Es ist schon sehr spät, als sich unsere Wege trennen. Nadine fährt mit dem Taxi nach Hause und Rudolf schwankt in seine Wohnung hinüber. Die Sache mit dem ausbleibenden Coaching-Erfolg quält ihn glaub mindestens genauso wie die Erfahrung mit seiner Ex. Den ganzen Abend über fing er immer wieder davon an, wie toll der Coach sei. Daher verstünde er auch gar nicht, warum sein Erfolg so hartnäckig ausbliebe. Was er nur falsch mache usw.

„Du schaffst das bestimmt. Vielleicht ist der Coach, so gut er auch ist, einfach nur nicht der Passende für dich und es liegt gar nicht an dir?"

Irgendwie schon lustig. Ausgerechnet ich gebe schlaue Coaching-Weisheiten von mir. Wobei der Rat so schlecht gar nicht ist. Darüber muss ich in aller Ruhe noch mal nachdenken. Morgen vielleicht. Oder nächste Woche. Irgendwann halt, wenn der richtige Zeitpunkt gekommen ist.

Gar nichts will ich! Verstanden?

„Da bist du ja endlich!" Noch bevor ich den ersten Schritt an meinem ersten Tag nach dem Urlaub in mein Büro setzen kann, fängt mich Moritz im Flur ab. Er hat rote Flecken im Gesicht.

„Morgen, Moritz." Ich schaue dabei extra auffällig auf die Uhr. Es ist noch nicht mal acht. Das Wort „endlich" stört mich daher schon etwas. „Was gibt's so Dringendes?"
Ich schließe meine Bürotüre auf.

Moritz zeigt sich in seinem Anliegen sehr penetrant. Ich kann nicht mal meine Jacke in Ruhe ausziehen, da platzt er schon raus: „Mister Li-Wang. Er kommt heute und will uns alle sehen!"

Moritz muss sich geirrt haben. Ich bin mir sicher, der nächste Schmorbraten-Termin findet erst am Donnerstag statt. Wenn sich das Datum jemand besonders einprägsam merken kann, dann ja wohl ich. Insofern reagiere ich gelassen.

„Netter Begrüßungs-Scherz, Moritz. Und was willst du nun wirklich von mir?"

Ich hatte mir meinen ersten Arbeitstag anders vorgestellt. Ja, wirklich! Gemütlich ins Büro kommen, von Brigitte ein Käffchen serviert bekommen. Mich in aller Ruhe auf den neusten Stand bringen. Dann ein zweites Käffchen, kurzer Austausch mit Thomas, ein belegtes Brötchen in der Cafeteria holen. All so was halt. Einen Moritz, der gleich am frühen Morgen zu Scherzen aufgelegt ist, hatte ich weniger eingeplant.

„Kein Scherz, Leonie. Bitterer Ernst! Eine ganze Delegation reist mit ihm an. Irgendwas brodelt."

Ich schalte meinen Rechner an. Moritz' Worte sind für mein

Gehirn noch immer unbegreiflich. Wahrscheinlich, weil der ganze Moritz als Person das für mich ja auch ist. Eine höchst unangenehme Persönlichkeit, dieser Typ.

„Ich komme in einer Stunde noch mal. Dann bist du hoffentlich gesprächiger."

Mit diesem Satz entschwindet er meinem Büro. Gut so, ich brauche meine Ruhe und Kaffee. Als hätte sie es gehört, kommt Gabriele auch schon mit einer randvoll befüllten Tasse um die Ecke. Er duftet köstlich.

„Morgen, Frau Janssen. Schon gehört?"

Tratsch am frühen Montagmorgen ist gar nicht mein Ding. Mich nach drei Wochen Abwesenheit auf den neusten Stand bringen, kann dennoch nicht schaden.

„Um was geht's, Gabriele?"

„Die Firma wackelt. Mister Li-Wang ist schon unterwegs. Mit zwei weiteren Herren aus China. Ganz wichtige Leute."

Meine Kaffeetasse spielt auch am heutigen Morgen eine wichtige Rolle im Zusammenhang mit diesem Herrn. Vorletztes Mal fiel sie mir kurz vor dem Restaurantbesuch auf den Kopf – heute dagegen aus der Hand. Sie zersplittert direkt vor Gabrieles Füßen. Leider wieder mal so ungünstig, dass sich einer der Splitter in ihrem Schienbein verfängt. Der Splitter ist zwar nur mittelgroß, der Schreck von Gabriele dafür um ein Vielfaches größer. Meiner irgendwie auch, denn außer einer vor Schmerz schreienden Gabriele schreit in mir innerlich ebenso alles. Es ist also tatsächlich wahr. An meinem ersten Arbeitstag, der von wunderbaren Erinnerungen an Frieda und die Berge getragen wird, kommt dieser Chinese daher und macht mir alles kaputt. Ich bin in der Realität angekommen.

„Gabriele, setzen Sie sich."

Mein Notfallplan kommt langsam in Gang. In Sachen Gabriele reagiere ich da souverän wie gewohnt. Ich hole das Verbandszeug, das ich immer im Büroschrank deponiert habe. Warum ich es für wichtig halte, dass es da liegt, zeigt sich jetzt. Man weiß nie, was sich in einem Büro ungewollt alles für Unfälle zutragen können. Nebenbei tröste ich Gabriele, desinfiziere danach die Wunde und klebe im Anschluss ein Pflaster drauf. Nach sehr viel weiterer Aufregung in weiteren zehn Minuten merkt auch meine Assistentin, dass die Sache halb so wild ist. Ihr Adrenalin beruhigt sich gemeinsam mit ihr. Meines indes kommt erst jetzt so richtig in Fahrt.

„Geht's wieder?"

„Ja, danke! Aber was ist eigentlich mit Ihnen los, Frau Janssen?"

Das wüsste ich auch gern.

Ohne, dass ich etwas dagegen machen kann, fließen mir plötzlich sturzbachartig die Tränen aus den Augen. Einfach so.

„Alles in Ordnung, Gabriele. Das ist die trockene Luft. Die reizt meine Augen furchtbar."

Das glaubt mir zwar kein Mensch. Eine andere Erklärung fällt mir auf die Schnelle allerdings nicht ein. Auch erschwert dadurch, dass ich gerade ganz schlecht Luft bekomme. Puh, ist ja wie bei meinem Versuch vor zwei Jahren, als ich dachte, ich könnte den Lübecker Halbmarathon mitlaufen. Exakt so wie jetzt fühlte ich mich damals nach fünf Kilometern zurückgelegter Wegstrecke. Ich konnte kaum noch atmen.

„Danke für den Kaffee, würden Sie mich jetzt bitte allein lassen? Ich habe eine Menge abzuarbeiten nach meinem Urlaub."

Gabriele verlässt mein Büro. Ich kann ihre Gedanken lesen, und die beinhalten eine Menge Fragezeichen. Es wäre mir sehr recht, ich könnte mich nun endlich ohne weitere Störungen oder Hiobsbotschaften meinen Aufgaben widmen. Es ist mir leider nicht vergönnt.

„Gibt es ein Problem?"

Thomas platzt in mein Büro. Ohne anzuklopfen! Bei mir geht es heute Morgen zu wie auf dem Lübecker Bahnhof.

„Ich weiß nichts von einem Problem!"

Eine echte Notlüge, denn meine Not ist groß. Mutti predigte mir früher immer, dass man niemals nie nicht lügen darf. Außer Notlügen, die seien gerade noch so erlaubt. Danke, Mutti!

„Gabriele hatte wegen dir einen Unfall, du heulst danach wie ein Schulmädchen. Und das kurz vor unserem wichtigen Essen mit der chinesischen Delegation!"

Wenn Thomas nervös wird, bilden sich die Adern in seinem Schläfenbereich besonders krass ab. Im Moment kommen sie dem Stadium „kurz vor Platzen" bedenklich nahe. Ich kann mich jetzt wirklich nicht auch noch um Thomas' Schläfen kümmern!

„Ach, der kleine Splitter. Der war nicht der Rede wert."

Dieses Mal spreche ich zu einhundert Prozent die Wahrheit.

„Meine Güte, reiß dich zusammen, Leonie!"

Ich weiß gar nicht, was er meint. Und sowieso ist mir Thomas heute arg suspekt. So kenne ich ihn gar nicht. Ich schiebe den Tonfall auf seine beinahe platzenden Adern. Wenn durch diese dermaßen viel Blut fließt wie eben, ist weniger davon für das Gehirn übrig. Ich sehe ihm den Ausrutscher daher nach.

„Beruhige dich, Thomas. Gibt keinen Grund zur Aufregung. Wir sehen uns in zwei Stunden im Restaurant. Ich fahre heute selbst."

So lautet zumindest mein Plan, der jedoch erst dann Vollendung finden kann, wenn ich mich hier auf den neusten Stand bringen konnte. Kaum möglich an diesem Tag, an dem alle paar Minuten jemand anders bei mir aufkreuzt. Und die Phobie, naja, die werde ich nachher schon im Griff haben. Ich atme inzwischen schon viel ruhiger. Das lässt in mir neue Zuversicht aufkeimen, das Treffen nachher bestens zu meistern. Die Sache ist die: Wenn ein chinesischer Multimilliardär sich vorzeitig zu Besuch in einem von ihm aufgekauften Unternehmen ankündigt und dazu seine ganze Gefolgschaft mitbringt, kann das nur Schlechtes bedeuten. Davon jedenfalls scheinen alle auszugehen. In der schriftlichen Übermittlung der zeitlichen Planänderung aus China kann ich keinen Anhaltspunkt dafür entdecken. Und als Juristin schaue ich da sehr genau hin. Ich finde in jedem Text jeden noch so versteckten Hinweis. Ich lese die Fakten deswegen auch viermal hintereinander durch. Keine Gefahr weit und breit. Nicht mal ein Wink mit dem Zaunpfahl. Trotzdem Panik hier in allen Köpfen. Und das absolut ohne Grund. Apropos Panik …

Als Insiderin ist mir durchaus bekannt, dass es keine vernünftigen Gründe braucht, damit die sich sofort eingeladen fühlt. Einen Happen essen zu gehen mit ein paar netten Herren und dabei über Geschäftliches zu plaudern, ist beispielsweise völlig harmlos.

Finde ich.

Mein Inneres ist anderer Meinung.

Die Fahrt zum Restaurant kann in so einem Fall lustig verlaufen – sofern man diesbezüglich den nötigen Humor aufbringt. Ich lache verdammt gern und viel. Jetzt gerade, als ich an der roten Ampel stehe und nicht mehr weiterfahren kann, als sie auf Grün springt, ist mir ganz und gar nicht nach Späßen zumute. Dutzende Autos stehen hinter mir und fiebern bei jeder Grünphase darauf hin, dass sie es das nächste Mal bloß durchschaffen mögen. Dank mir kommt lange zehn Minuten keiner mehr auf derselben Spur vorwärts. Könnte man für lustig halten. Keiner von den Beteiligten kann so recht darüber lachen. Es wäre auch kaum zu hören gewesen, denn mein ungewollter Stillstand löst ein Hupkonzert aus, das man bis nach Hamburg hören müsste. Ich bin nicht in der Lage, weiterzufahren, sondern sitze wie versteinert am Lenkrad. Dem Fahrer direkt hinter mir wird es nach der ersten sinnlos vergeudeten Grünphase zu bunt. Er steigt aus, läuft an mein Fenster und donnert an meine Scheibe, sodass ich Angst haben muss, sie zerbröselt gleich in ihre Einzelteile. Dabei schreit er mich laut an. Ich verstehe kaum, was er sagt.

Ist vermutlich auch nicht wichtig. Nur die Wörter „Schnepfe", „typisch Frau am Steuer" dringen von meinen Ohren an mein Hirn. Am Ende betitelt er mich sogar mit dem berühmten Ausdruck, der mit „F" anfängt und „otze" endet. Als Anwältin würde mir da im Normalfall einiges einfallen, einen solchen Typen zum Schweigen zu bringen.

Wie gesagt, im Normalfall.
Den gibt es gerade nicht, nur einen astreinen Ausnahmezustand.
Ich habe alle Hände voll zu tun, meiner Panik klarzumachen, dass sie vielleicht nicht gerade während des Autofahrens einen solchen Terz machen soll. Ich verhandle mit ihr, dass wir die Sache bitte auf einen anderen Moment vertagen. Sie geht den Deal ein und so schaffe ich es tatsächlich bis ins Parkhaus und von dort aus ins Restaurant. Wie auch immer ich das hingekriegt habe – irgendwann sitze ich in der gewohnten Position am selben Tisch wie schon zig Male. Direkt neben Mister Li-Wang, der mich freundlich anlächelt, als der dem Kellner gerade die Bestellung übermittelt: „Holsteiner Sauerfleisch, please!"
Bitte was?
Ich schaue ihn entgeistert an, als hätte ich ein Gespenst gesehen. Moritz ordnet die Lage und mein Verhalten umgehend als brenzlig ein. Er flüstert mir barsch zu, dass ich kurz nach draußen mitkommen soll. Ich will jetzt aber nicht mit Moritz sprechen, ich kann es auch gar nicht. Die Panik funkt dazwischen, die in dieser Sekunde das Ende unserer Vertagung ankündigt und für eine Wiederaufnahme der Verhandlung dergestalt plädiert, indem sie mich zittern lässt wie Espenlaub.
„Und was darf ich Ihnen bringen?"
Der Kellner wendet sich freundlich an mich. Er zeigt sich sehr höflich und kann nicht wissen, dass er damit mitten in eine wichtige Verhandlung platzt. Wie das so ist in solchen

Situationen und wenn sich einer der Verhandlungspartner gnadenlos zeigt, kann eine solche Störung auch mal unschön enden.

„Gar nichts will ich, verstanden?"

Meine Antwort kommt viel zu laut aus meinem Munde und lässt hysterische Nuancen in ihren Zwischentönen erkennen. Damit habe ich die volle Aufmerksamkeit sämtlicher Herren am Tisch auf mich gezogen. Im Übrigen auch die der anderen Gäste im Raum. Alle drehen sich zu mir um, schauen mich entsetzt an und danach pikiert auf ihre Teller zurück.

„Du kommst sofort mit!"

Moritz packt mich am Oberarm. Das macht er dermaßen grob, wie man keine Frau je anfassen sollte.

„Let go of the woman immediately!"

Mister Li-Wang greift unverhofft ein. Moritz zerrt weiter an mir herum.

„Immediately!"

Moritz ist außer sich. Er hörte scheinbar nicht, was der Chinese eben zu ihm sagte. Er will das auch gar nicht hören. Er will viel lieber seinen Willen durchsetzen und draußen mit mir sprechen. Eigentlich unlogisch, wo er unserem Gast sonst ausnahmslos alle Wünsche von den Augen abliest.

Mein Arm fängt inzwischen leicht zu kribbeln an. Ist wie bei der Blutabnahme, wenn sie dir dabei diese Manschette um den Oberarm wickeln und so festzurren, dass die Durchblutung in der Region komplett lahmgelegt wird. Moritz braucht dazu keine Manschette. Seine bloße Hand reicht spielend. Sekunden später machen die beiden chinesischen Begleiter dasselbe bei ihm. Einer rechts, einer links.

Moritz guckt blöd, erst auf seine Arme, dann zu mir, dann zu den Herren. Dann lässt er mich los und setzt den Unschuldsblick auf: „Würden Sie mich bitte loslassen?"

Netter Versuch von ihm, seine eigenen Oberarme nun auch wieder für sich zu haben. Da die Chinesen kein Deutsch verstehen und offensichtlich auch keinen Spaß bei einem solchen Umgang mit Frauen, halten sie ihn weiter fest.

Mister Li-Wang nickt zweimal.

Die anderen beiden nicken dreimal.

Vermutlich auch eine Art Geheimsprache.

Moritz dreht den Kopf in meine Richtung. Äh, hallo? Ich habe da leider keine Antwort für und bin zudem anderweitig beschäftigt. Noch immer mit der Panik, die ihren Höhepunkt mit meinem Aufschrei allerdings überschritten zu haben scheint. Ihr geht allmählich die Puste aus. Das gibt mir zu denken, sofern man das Durcheinander in meinem Kopf überhaupt so nennen kann.

Wortlos führen die Chinesen meinen Kollegen durchs ganze Restaurant in Richtung Ausgang.

„Thank you", sage ich zu Mister Li-Wang. Englisch sprechen klappt schon wieder einigermaßen, es geht also aufwärts.

„Du you need a doctor?" Er schaut besorgt zu mir rüber.

„No, I don't, but a taxi, please."

Mein Englisch war auch schon besser. Das liegt bestimmt an meinen Gliedmaßen, die trotz abflauender Panik nach wie vor zittern. Ich kriege die einfach nicht wieder unter Kontrolle. Damit wäre mein Problemchen hier und heute wohl aufgeflogen.

Gerade, als der Kellner Mister Li-Wang das Holsteiner Sauerfleisch serviert, muht es aus meiner Handtasche heraus, die ich um die Stuhllehne gehängt habe. Über die rechte Stuhllehne wohl gemerkt – direkt neben Mister Li-Wang. Mein neuer Klingelton macht sich bemerkbar. Verdammt! Vor lauter Aufregung habe ich total vergessen, das Ding auf lautlos zu stellen. Die inzwischen wieder vollständige chinesische Reisegruppe lässt sich davon nicht aus der Ruhe bringen. Nur Thomas zuckt verdächtig mit dem linken Auge. Ich krame schnell nach meinem Handy. Auch deswegen, da die umliegenden

Gäste das Geräusch erneut mit pikierten Blicken würdigen. Mutti mal wieder.

„Nicht jetzt!", sage ich freundlich, aber äußerst bestimmt. Selbst Mutti müsste damit kapieren, dass sie mit ihrem Anruf einen ganz schlechten Zeitpunkt erwischte.

Mein Wasserglas ist leer und der Teller von Mister Li-Wang auch. Das Sauerfleisch schien ihm zu munden. Die letzten 25 Minuten kamen mir wie eine Ewigkeit vor und die Gespräche am Tisch wollen einfach nicht mehr so recht in Schwung kommen. Ich frage mich gerade, ob die Taxizentrale das für mich georderte Fahrzeug von Flensburg aus zum Restaurant geschickt hat oder warum dauert das heute so lange?

„Ihr Taxi ist da!"

Bei den drei Worten erschrecke ich mich fast zu Tode, obwohl sie genau das beinhalten, auf das ich seit knapp einer halben Stunde sehnsüchtig warte. Der Ober steht plötzlich neben mir. Habe ihn gar nicht kommen hören. Da er mir damit jedoch die beste Nachricht des Tages übermittelte, will ich mal nicht kleinlich sein. Ich glaube, er ist froh über diese Entwicklung des Vorgangs. Und ich erst!

„Good bye, wish you a nice afternoon!"

Mit meinem Abgang erlöse ich das Restaurant vor weiteren Peinlichkeiten – und mich noch viel mehr. Thomas hat da jetzt halt echt die Arschkarte gezogen. Moritz weg, ich weg. Nur noch er auf weiter Flur mit den chinesischen Herren, die etwas Wichtiges mit uns besprechen wollten. Dank mir wurde daraus heute nichts. Dafür hat ihnen das Essen bestens geschmeckt. Das gibt hoffentlich einen dicken Pluspunkt bei den vielen Negativ-Ereignissen, denen sie eben beiwohnen durften.

Ich hatte schon bessere Tage, aber auch schlechtere. Man soll ja immer das Positive in jeder Situation sehen. Das gelingt mir aktuell ganz gut. Ein kurzer Rettungsversuch des Ganzen kann trotzdem nicht schaden:

„Will we talk to each other again tomorrow at the company? At 3 pm?"

Unsere Besprechungsräume sind total klasse und mit allem digitalen Schnickschnack ausgestattet, den das 21. Jahrhundert hergibt. Chinesen lieben Digitales und Technik jedweder Art. Ich kann mit meinem Vorschlag also ganz bestimmt punkten. Außerdem stehen bei Meetings immer eine Menge Obstschalen auf dem Tisch. Randvoll befüllt mit jeglichem Obst, das diese schöne Erde für uns gedeihen lässt. Und mal ehrlich: Ohne diese förmliche Esserei im Restaurant ist so ein geschäftlicher Austausch eh viel effektiver.

„Ich kläre das!" Einspruch von Thomas. Ich kenne ihn inzwischen ziemlich gut. Er gibt mir damit den dezenten Hinweis, dass es besser wäre, jetzt ohne weitere Worte zu gehen. Von mir aus! Mein erster Arbeitstag endet damit einige Stunden früher als geplant. Wie viele Arbeitstage ich nach dem Eklat überhaupt noch in der Firma verbringen darf, ist wieder ein anderes Thema.

Pepperpot

Die beiden Treppenabsätze bis zu meiner Wohnungstür kommen mir heute unendlich vor. Ich atme dabei in etwa so angestrengt wie ein Langstreckenläufer kurz vor dem Ziel. Meines ist glücklicherweise schon in Sichtweite. Direkt auf der Ziellinie erblicke ich einen Gegenstand, der dort sonst nie steht. Sieht aus wie Muttchens Kochtopf. Ich sammle meine Kräfte, nehme die letzten beiden Treppenstufen und stelle final fest: Es ist Muttchens Kochtopf! Unter diesem steckt ein Zettel mit folgender Nachricht: „Ich hatte noch Pepperpot übrig. Gruß, Mutter."

In der einen Hand halte ich meinen Wohnungsschlüssel, in der anderen meinen Einkaufskorb. Woher soll ich auch wissen, dass mein Abstecher in den örtlichen Handel heute völlig umsonst war. Muttchen sei Dank! Jedenfalls habe ich nun keine Hand mehr frei für den Topf. Ansonsten stelle ich mich niemals so hilflos an. Schon gar nicht in völlig simplen Alltagssituationen wie dieser. Das stellt sich heute anders dar, denn ich habe keine Ahnung, wie ich alles auf einmal mit nur zwei Händen in meine Wohnung befördern soll.

„Hi Leonie, kann ich dir helfen?"

Rudolf steht mit seiner berühmten lila Gießkanne hinter mir. Woher er kommt und wohin er will, kann ich nur vermuten. Alles das ist mir momentan egal. Eine helfende männliche Hand kann jetzt mal gar nicht schaden.

„Das ist nett von dir. Könntest du bitte Muttis Kochtopf nehmen?"

Erst jetzt merke ich, dass von Richtung Boden ein betörender Duft in meine Nase steigt. Wie ich Muttchen kenne, reicht die Portion für mindestens acht Personen.

„Hast du Hunger?", frage ich Rudolf daher ganz direkt. Selbst für mich sind Muttchens Portionen eine echte Herausforderung und ich hatte jetzt nicht vor, die restliche Woche mit Pepperpot zu verbringen.

Rudolf hat seine Sinne deutlich mehr beisammen als ich. Eine seiner Hände ist, wie meine ja auch, belegt. Daher stellt er seine Gießkanne einfach im Hausflur ab und schnappt sich dann den Topf. Auf diese Lösung hätte ich mal selbst kommen können. An der Art, wie er den riesigen Topf in meine Wohnung trägt, erkenne ich, dass ich mit meiner Portionsschätzung in etwa richtig liege. Seine acht Kilo wird er inklusive Inhalt schon haben. Was auch immer noch passieren sollte an diesem denkwürdigen Tag: Verhungern werde ich definitiv nicht dabei. Gutes Stichwort, denn wie ich merke, habe ich Kohldampf. So ist das eben, wenn man zum Essen verabredet ist, wo genau dieses Bedürfnis hätte gestillt werden können. Stattdessen flippe ich aus, bin damit sicher schon Stadtgespräch in Lübeck und bei Mister Li-Wang zu einhundert Prozent unten durch.

„Hast du heute früher Feierabend?"
Rudolf hat inzwischen keine Gießkanne und auch keinen Topf mehr in der Hand, sondern einen Löffel. Wir sitzen am Tisch und er mir direkt gegenüber. Es hätte alles so schön sein können, würde er nicht dieses unangenehme Thema ansprechen.
„Ja!"
Ich denke, das müsste als Antwort ausreichen, um seine Neugierde zu stillen und dem Gespräch eine neue Richtung zu geben.
„Warum?", will er wissen.
Mist! Wohl doch nicht.
„Ich hatte einen ziemlich peinlichen Aussetzer."
Huch, was rede ich denn da? Meine Zunge zeigt sich eindeu-

tig zu vorlaut, vielleicht auch mein Hirn. Keine Ahnung, wer da nun vordergründig für verantwortlich ist.

„Haltet die Klappe!", weise ich die beiden an. Die denken gar nicht daran, meine Anweisung zu befolgen. Mystische Dinge gehen vor sich, denn ich hatte mich bisher immer und in allen Lebenslagen wunderbar unter Kontrolle – die ganzen letzten 29 Jahre lang! Außer, als ich einen meiner Uni-Profs lautstark als „Idioten" bezeichnete. Das hatte er aber wirklich verdient, da er meine Studienkollegin dermaßen respektlos vor versammelter Mannschaft runtermachte. Bei so was brennen mir die Sicherungen durch. Natürlich hatte meine verbale Entgleisung Folgen für mein Studium, da ich zu den Lesungen des Herrn Prof ab diesem Zeitpunkt nicht mehr erscheinen durfte.

Aktuell befürchte ich ähnliche Folgen, wenngleich in anderer Form. Schnell schiebe ich den nächsten Löffel Pepperpot in meinen Mund. Wenn er zu kauen hat, kann er gleichzeitig unmöglich Blödsinn plappern. Dabei mustere ich so unauffällig wie möglich meinen Essensgast. Keine Mimikveränderung in seinem Gesicht zu erkennen. Er kaut in aller Ruhe weiter, legt dann seinen Löffel beiseite und guckt mich schweigend an.
Ich gucke zurück.
Keiner sagt ein Wort.
Eine komische Situation, die mir Gänsehaut macht.
Was geht da jetzt ab?
Bevor ich eine Antwort finde, laufen mir die Tränen über die Wangen. Verdammt! Und alles nur wegen meiner flotten Zunge, die scheinbar keine Lust mehr hat, mein allergrößtes Geheimnis weiter für sich zu behalten.
Stille im Raum.
Der Pepperpot duftet trotzdem sehr engagiert vor sich hin. Rudolf blickt mich nach wie vor sehr ruhig und ausgesprochen intensiv an. Dann steht er kommentarlos auf.

Ich wusste es! Nun habe ich es mir auch noch mit meinem Nachbarn verschissen, dessen grünen Daumen ich bestimmt noch öfter brauchen werde in Zukunft.

Job weg.

Nachbarschaftliche Freundschaft weg.

Und nebenbei erwähnt: Freund weg!

Wobei ich an letzter Sache nun wirklich nicht schuld bin.

Ich überlege, wie ich meinen derzeitigen Zustand einordnen soll. Irrsinn? Andere Galaxie? Zwischen den Welten? Wie ferngesteuert tapse ich in mein Schlafzimmer. Die wieder- belebte Zimmerpflanze lacht mir lebenslustig entgegen. Ihre Stimmung passt damit eindeutig nicht zu meiner. Und wenn man sich so fühlt, wie ich mich gerade fühle, braucht man eine bequeme Jogginghose am Leib mit einem Sweatshirt drüber. Fachsprachlich auch „Gammel-Klamotten" genannt. Ja, ich will jetzt einfach nur vor mich hingammeln, mich ordentlich bedauern und nebenbei eine Tüte Schokodrops niederfuttern. Doch scheinbar hat sich heute auch der Schokovorrat gegen mich verschworen. Zurück im Wohnzimmer. Hinten links neben diversen Krümeln und leeren Schokoriegel-Papierchen finde ich lediglich eine Packung Hustenbonbons. Die sind für derlei Momente null Komma gar nicht geeignet. Verflixt!

„Wollen wir darüber reden?"

Ich stolpere vor Schreck über meinen Teppichvorleger und lande einigermaßen unglücklich auf dem dunkelbraunen Ledersitzkissen. Ich mochte es noch nie, war aber ein Ge- schenk von Oma – dem Muttchen von Muttchen. Unter kei- nen Umständen darf das je fehlen, wenn Mutti zu Besuch kommt. Sie findet, dass man Familienerbstücke unbedingt wertschätzen muss. Wie auch immer, das Erbstück ist knüp- pelhart. Deshalb sitze ich auch nie darauf, weil mir nach einer Minute bereits der Popo weh tut. In diesem Moment knalle ich mit dem rechten Rippenbogen auf das Teil, als ich mich bei meinem Sturz hilfesuchend abfangen will.

Autsch! Damit wäre auch geklärt, dass soeben kein Geist mit mir gesprochen hat, sondern der Rudolf höchstpersönlich. Statt das Weite hat er nur mal schnell das Bad aufgesucht, um sich die Finger zu waschen. Darüber bin ich so froh, dass ich schon wieder weinen muss. Dieses Mal vor Erleichterung. Endlich eine gute Nachricht am heutigen Tag: Es gibt keine Geister – weder in meiner Wohnung noch in meinem Kopf.

Ich setze mich mit schmerzverzerrtem Gesicht auf mein Sofa, das äußerst bequem ist – im Gegensatz zu diesem verhassten Erbstück. Gleich morgen bringe ich es in den Keller. Jawohl, das mache ich! Mir doch egal, ob Muttchen dann wieder beleidigt ist. Letzten Sommer sagte ich ihr für einen Grillabend ab. Okay, taktisch mag das etwas unklug gewesen sein, denn es war der 35. Hochzeitstag meiner Eltern. Sie war deswegen dermaßen sauer, dass sie drei Monate lang kein Wort mehr mit mir gesprochen hat. Nicht schön, wenn Muttchen auf diese Weise schweigt. Ihren Missmut spürte ich damals rein telepathisch von Lübeck-Buntekuh bis zu mir nach St. Lorenz Nord rüber.

„Bin gleich wieder da!", unterbricht Rudolf meine Gedanken. Keine Ahnung, was er vorhat, und obwohl ich das nicht weiß, fühlt es sich irgendwie wohlig an. Also mummle ich mich in meine Kuscheldecke und harre der Dinge. Dabei schweift mein Blick über mein schwarzes Sideboard neben der Fensterfront. Es könnte mal wieder einen Staublappen vertragen. Ich wiederum könnte jetzt verflixt noch mal was Süßes vertragen. Kaum habe ich den Gedanken zu Ende gedacht, kehrt Rudolf zurück. In der Hand eine Schüssel, die randvoll befüllt ist mit Schokolade in jeglicher Form. Ein Mann der Taten. Das hätte ich mir von meinen seltsamen Ex-Kerlen auch gewünscht. Ich sollte eventuell doch meine Altersgrenze in punkto Männer nach oben schrauben. Rudolf wäre der perfekte Mann – wenn er nur nicht schon so alt wäre und außerdem der Schwarm von Nadine.

„Hier!", sagt er nur und überreicht mir den ersten Schoko-riegel.

„Du bist ein Schatz, danke!", höre ich mich sagen und als wäre es das normalste der Welt, sitze ich mit dem nachbar-schaftlichen Unternehmensberater und seinen grünen Dau-men auf meinem Sofa und esse gemeinsam mit ihm Schoko-riegel. Wie ein altes Ehepaar, das sich wortlos versteht. Selbst als es an der Tür klingelt, kann mich das nicht schrecken. Meine derzeitige Aufmachung inklusive tränenverschmierter Wimperntusche fällt nicht unbedingt in die Kategorie tages-lichttauglich. Aber wenn Rudolf unter diesen Umständen noch keine Flucht ergriffen hat, wird mich der Rest der Welt so wohl ebenso überleben. Ergo: Komme doch, wer will!

Äh, liebes Schicksal, so meinte ich das nun auch wieder nicht. Oh, Hilfe! Ich meinte den Rest der Welt – bis auf ihn …

Excuse me?

„Am I in the right place here with Mrs. Janssen?"
Ich kenne niemand, der diesen Satz exakt in so einem Akzent aussprechen würde, wie es meine Ohren gerade an mein Oberstübchen transportieren. Zwischen meinem Sofa und dem Besucher vor der Tür liegen locker zehn Meter. Trotzdem und auch mit fünfzig Metern Abstand würde ich diesen Akzent unter Millionen wiedererkennen.
„Yes, you are correct. Please come in."
Bisher hat Rudolf so ziemlich alles instinktiv richtig gemacht. Nur bei dieser Aktion würde ich ihm sehr gerne widersprechen. Ich komme leider zu spät. Mister Li-Wang steht schon mitten in meinem Wohnzimmer.
„Ich lasse euch mal allein", meint Rudolf und macht sich auf in sein nachbarschaftliches Heim.
Bitte, nicht!, denke ich insgeheim, sage es aber nicht. Es reicht ja, wenn ich wie ein verheultes Kleinkind aussehe. Zusätzlich wie eines zu wirken, das muss dann auch nicht sein.
„Are you well?"
Mein chinesischer Oberboss setzt sich auf das Ledersitzkissen, während er mich das fragt. Das ändert nichts an seinem freundlichen Gesichtsausdruck. Für mich bedeutet das in der Schlussfolgerung nur eines: Sein Popo ist für Omas Erbstück sehr viel besser geschaffen als meiner. Ich könnte es ihm ja schenken. So als Entschuldigung für meinen Auftritt vorhin.
„I am fine!"
Meine Zunge gehorcht mir wieder. Sie sagt brav das, was ich möchte, aber ja gar nicht stimmt. Da Mister Li-Wang ein hochintelligenter Mann ist, müsste ihm meine Lüge sofort

auffallen. Bestimmt hat er noch niemals in seinem ganzen Leben eine Führungskraft aus den eigenen Reihen so zu Gesicht bekommen wie mich gerade. Wir Führungskräfte achten allgemein schon darauf, dass wir nach außen entsprechend seriös wirken. Gammel-Klamotten und schwarze Schmink-Schlieren unter den Augen gehören üblicherweise nicht zu unserem grundsätzlichen Outfit.

„Perhaps you will immediately feel better after I have made my suggestion to you." Hat der gute Mann mir denn nicht zugehört? Mir geht`s prima! Also hypothetisch gesehen. In Wahrheit … okay, geht so.

„What do you mean by that?"

Ich bin ganz stolz auf mich, dass meine Lebensgeister insofern zurückgekehrt sind, dass ich wieder eine vorzügliche Unterhaltung führen kann. Sogar auf Englisch.

„I have an offer for you."

Ui, jetzt wird's interessant. Vielleicht wäre es doch besser, mich mal kurz frischzumachen. Wobei, wenn ich es mir genau überlege. Warum eigentlich? Wie gewohnt, kombiniere ich die Faktenlage blitzschnell. Sie lautet wie folgt:

1. Ich sehe oberscheiße aus und gammele hier mit meinen Gammel-Klamotten auf meinem Sofa herum.
2. Ein Dutzend leere Schokoriegel-Papiere türmen sich auf dem Wohnzimmertisch.
3. Mein Chef aus China kommt nach einer langen Reise extra zu mir nach Hause gefahren, um nachzufragen, wie es mir geht. Obwohl ich uns vorhin alle im Restaurant bis auf die Knochen blamiert habe.
4. Er lächelt freundlich.
5. Er will mir ein Angebot machen.

Kurzcheck und Resümee: Klingt alles verdammt positiv.

„What kind of offer are we talking about specifically?"

Die Frau, die das sagt, sieht optisch zwar überhaupt nicht nach Führungskraft oder Anwältin aus. Sie spricht aber wie eine. Ein gutes Zeichen, das mich beruhigt. Mein Aussehen und auch mein Ausrutscher heute Nachmittag sind mir gerade völlig egal. Ja, da bin ich selbst ganz erstaunt. Was eine gute Portion Pepperpot, der Rudolf und ein paar Schokoriegel doch alles ausmachen. Im Hinblick meines Essproblems war das bisher umgekehrt. 98 Prozent meiner inneren Mannschaft liefen eher aufgeregt kreuz und quer durch meine Seele und waren sich absolut einig: „Bloß nicht auffallen damit!" Wo die jetzt alle abgeblieben sind, ist mir ein Rätsel. Da ich jedoch viel neugieriger auf das Angebot von Mister Li-Wang bin, ziehe ich es vor, diese Frage zuerst beantwortet zu wissen. „We need you for half a year in Shanghai to set up a new location."

"Excuse me?"

Mein linkes Ohr hat wohl wieder das übliche Problem. Ich muss mich verhört haben. Er wiederholt sein Anliegen geduldig. Dieses Mal bin ich mir sicher – nicht zu 98 Prozent, nein, zu vollen 110 Prozent, dass ich ihn richtig verstanden habe. Ich soll für ein halbes Jahr nach Shanghai kommen? Ausgerechnet ich und ausgerechnet nach einem Nachmittag wie diesem?

„Shanghai is far away."

Meine Konversationsstärke lässt mich erneut im Stich.

„Yes, a little bit. Namely 8.459 kilometers or 15 flying hours."

Mein Gast wird mir immer sympathischer. Man sollte sich öfter zu Hause als in diesem blöden Restaurant treffen. Das macht die Sache sehr viel menschlicher. Er lächelt vor sich hin, seine Augen blicken mich freundlich an, er ist höflich und irgendwie goldig, wie er da auf meinem Sitzkissen hockt und knapp 9.000 Kilometer als „ein bisschen" bezeichnet.

Shanghai wäre schon spannend. Solange ich dort mit niemandem von der Firma in schicke Restaurants zum Essen gehen muss. Genau das werde ich meinem Gegenüber nun sagen. Nein! Leonie, mach's bitte nicht!

„Thank you for the offer. I'll think about it. But only if I don't have to go to a fancy restaurant for dinner with anyone else."

Zu spät. Ich muss verrückt geworden sein, fühle mich dabei jedoch erstaunlich wohl. Wenn sich Verrücktsein immer so anfühlt, bin ich das gern öfter.

„No problem. You don't have to do anything you don't want to."

Bestimmt wache ich gleich auf und merke, dass ich diese komische Szene hier nur geträumt habe. So wird's sein. Also einfach mal abwarten, bis ich die Äuglein aufschlage und herzlich über meinen Traum lachen kann.

Lange kann das nicht mehr dauern, denn mein Gast steht auf und verabschiedet sich. Mein lustiger Traum neigt sich dem Ende zu mit seinen Abschlussworten: „I like people who don't bend and say what they think."

"Me too! Have a nice evening. Goodbye", antworte ich geistesgegenwärtig.

Ist alles eine Frage der Zeit, Leonie.

Irgendwann wacht jeder Mensch aus seinem Traum auf.

Das läuft überall auf der Welt so ab, ob in Lübeck oder Shanghai.

Ich harre also der Dinge.

Die ganze Nacht.

Bis ich feststelle, dass ich sehr müde bin.

Noch alle T-a-s-s-e-n im Schrank?

Schon lustig, wenn du die ganze Nacht darauf wartest, bis der Traum zu Ende ist – und dann feststellst, dass es gar keiner war. Vor lauter Warterei habe ich leider keine Sekunde geschlafen. Kaffee muss her, mindestens zwei Tassen und stärker als sonst.

„Meine Panik ist aufgeflogen, der Pepperpot von Muttchen war aber gut. Rudolf hat Mister Li-Wang die Tür aufgemacht und nun soll ich ein halbes Jahr nach Shanghai."

Diese Chatnachricht übermittle ich an Nadine. Es ist 4 Uhr 28. Strategisch gesehen, ist mir da jetzt ein grober Fehler unterlaufen, denn nach der zweiten Tasse Kaffee wären die Zeilen hundertpro sinnvoller ausgefallen. Jetzt ist es zu spät, Nadine grundsätzlich aber ja unerschütterlich.

Ich klappe mein Laptop auf, denn über Shanghai weiß ich bisher nicht viel. Außer dass es dort die tollsten Sonnenaufgänge gibt, die man sich vorstellen kann. Und shoppen kann man dort als Frau bis zum Abwinken. Soll ich das wirklich machen?

"You don't have to do anything you don't want to", fällt mir spontan wieder ein. Na, dann kann Shanghai ja kommen. Weil alles andere ist doch wirklich ein Klacks für mich.

„Aber sonst ist alles gut bei dir??????????????"

Nadine steht normal nie vor sieben auf. Heute bekomme ich diese Antwort von ihr bereits um 4 Uhr 59. Die vielen Fragezeichen irritieren mich etwas. Sie geben der Frage einen deutlich negativen Touch.

„Jau, alles supi. Ich checke gerade die Lage in Shanghai."

„Bist du sicher?"

„Wegen Shanghai?"

„Ne, dass du noch alle Tassen im Schrank hast?"

Ich drücke die Taste mit dem grünen Telefonhörer darauf. Nach null Komma sechs Sekunden geht Nadine ran.

„Hast du mal auf die Uhr geschaut, Leonie?"

„Klar! 5 Uhr 10. Na, und? Du bist doch schon wach!?"

„Jetzt schon!"

Wir verabreden uns für in einer halben Stunde erneut. So lange wird es dauern, bis Nadine einigermaßen aufnahmefähig ist für meine Verwirrtheit. Auch bei ihr hilft Kaffee da entscheidend. Meiner ist bereits alle, so habe ich wieder Zeit, mich näher mit Shanghai zu befassen, denn mit meinem Essproblem muss ich mich jetzt ja nicht mehr herumschlagen. Laut Mister Li-Wang sind die verhassten Geschäftsessen ab sofort Geschichte.

„Deine Phobie allerdings noch lange nicht", flüstert mir eine Stimme ins Ohr. Es ist meine eigene, und das stimmt mich bedenklich. Ich schnappe mir meine leere Kaffeetasse, stehe auf und gehe in Richtung Küche. Auf dem Weg dorthin komme ich an meiner verstaubten Wohnzimmerkommode vorbei. Der Staub darauf ist weniger das Problem. Es sind die Coaching-Lügen, die sich dekorativ dazwischen geschummelt haben. Ich habe das Buch da nicht hingelegt, so viel ist sicher. Da ich noch nie gehört habe, dass ein Buch von allein laufen oder gar fliegen kann, gehen wie auch schon in der Schweiz gespenstische Dinge vor sich.

„Das Gespenst bist du!", hallt es durchs Wohnzimmer.

Mir fällt die Tasse aus der Hand, als ich merke, dass diese Worte soeben aus meinem eigenen Mund gekommen sind. Wer oder was da in mir mal wieder nicht unter Kontrolle ist, kann ich in der Kürze der Zeit nicht feststellen. Ich sollte das dringend herausfinden, und das bitte, bevor ich den Flieger nach Shanghai besteige.

Ich mache einen großen Schritt über die Scherben hinweg. Die können warten. Dann nehme ich das Buch von der Kommode und setze mich aufs Sofa. Dem Sitzkissen verpasse ich dabei einen letzten wütenden Tritt, bevor ich den dritten Anlauf nehmen, das Ding zu lesen. Es muss ja wohl seine Gründe haben, wenn so viel manischer Nonsens auf einmal stattfindet: Ein Buch, das erst von alleine in meinen Rucksack in der Schweiz fliegt und nun wiederum urplötzlich auf meiner Kommode liegt und ich nicht weiß, wie es dahingekommen ist. Dazwischen verschafft sich eine fremde Stimme in mir immer lauter Gehör, so dass selbst Ohren zuhalten nichts mehr bringt. Wenn das in Zukunft öfter passiert, bin ich geliefert. Bei aller Toleranz und Weltoffenheit: Auch in Shanghai gibt es Grenzen. Eine Anwältin, die sich wie eine Geisteskranke verhält, würde selbst an einem Ort wie diesem auffallen wie ein leuchtend pinkfarbenes Schaf inmitten der anderen vielen Schäfchen. Ich muss die Sache klären. Endgültig!

Wie alle anderen Menschen auch, lese ich Bücher für gewöhnlich von Seite 1 an aufwärts. Ich habe plötzlich das Gefühl, es an diesem Tag umgekehrt angehen zu müssen und lande bei Coaching-Lüge 20 und deren Inhalt: **„Du musst schnelle Entscheidungen treffen!"**
„Leute, alle sofort herkommen, die Schotten sind leicht geöffnet", rufen die flinksten meiner Gehirnzellen voller Freude und drängeln sich in die vorderste Reihe. Damit wollen sie gewährleisten, die aufgenommenen Informationen so schnell wie möglich weitertransportieren zu können. Da der Rest von ihnen aber grundsätzlich sehr verwirrt und argwöhnisch ist, dauert die Datenverarbeitung länger als üblich. In dem Falle ganze zehn Minuten.

„Ach so! Leonie, du Schussel", ist die Erkenntnis nach dreimaligem Lesen des Abschnitts. Endlich habe auch ich begriffen, dass es sich bei diesen Überschriften jeweils um eine Coaching-Lüge handelt, die in der Szene ganz gern in die Welt posaunt wird. Da die beiden Autoren diese depperten Weisheiten genauso blödsinnig finden wie ich, haben sie das Buch geschrieben. Es geht darum, diese Lügen zu enttarnen. Hätte ich vielleicht mal früher drauf kommen können bei einem Buch mit diesem Titel. Wo Coaching-Lügen drauf steht, sind logischerweise auch welche drin. Naja, ohne Worte und weiteres Indiz dafür, dass ich derzeit nicht ganz auf Höhe meiner logischen Gedankengänge bin. Und für mein Verhalten leider erst recht nicht, das zu 100 Prozent eine logische Folge dessen ist.

Mein Handy klingelt und unterbricht damit meine gigantisch positive Erkenntniskette abrupt.

„Hi!", belle ich ins Telefon.

„Also doch nicht mehr alle Tassen im Schrank?"

Nadine lebt gerade gefährlich. Öl ins Feuer zu gießen, wenn es bereits lichterloh brennt, kommt nicht ganz so gut. Woher soll sie es aber auch wissen? Ich erkläre ihr daher in aller Kürze die Geschehnisse. Die komischen Stimmen in mir und auch die Sache mit dem Buch verschweige ich. Erst mal die anderen Umstände sortieren. Damit haben wir genug zu tun, bis ich zur Arbeit muss. In zwei Stunden sollten wir großflächig damit durch sein.

„Du hast was getan?"

Nadine kann es kaum glauben und ich ehrlich gesagt auch nicht. Wobei ich das ja nicht absichtlich machte, es platzte einfach so aus mir heraus.

„Das ganze Restaurant glotzte uns an. Ich war glaub wirklich laut."

„Ist ja auch nicht das übliche Verhalten, in einem Restaurant zu sitzen und zu brüllen, dass man nichts essen will."

Nadine hat vollkommen recht.

„Den Knaller aber habe ich dir noch gar nicht erzählt."

„Wie jetzt ... noch einen?"
Nadine will sich erst noch einen Kaffee eingießen, bevor ich damit rausrücke. Wir kommen zum schönsten Teil der Anekdote. Für mich jedenfalls.
„Die haben den Moritz abgeführt."
„Wer die?"
„Die Begleiter des Mister Li-Wang."
Ich erkläre, was sich gestern in diesen entscheidenden Sekunden abspielte. Eine Szene aus dem Tatort ist der reinste Witz dagegen. Wir brauchten dazu keine Kripobeamten und auch keine Waffen. Ich werde Moritz' Gesichtsausdruck mein Leben lang nicht mehr vergessen, yeah.
„Okay, verstanden. Aber so lustig ist das vielleicht gar nicht", gibt Nadine zu bedenken.
Hä, warum? Verstehe ich nicht.
„Na, du wirst ihn heute doch wiedersehen. Und morgen und übermorgen und überhaupt. Nicht gut fürs Betriebsklima."
Das hatte ich in meiner Euphorie komplett vergessen. Stimmt!
„Moment, Nadine, ich mach mir mal kurz ein Brot!"
Solche Erkenntnisse lassen sich besser verdauen, wenn ich etwas im Magen habe. Ich lege das Handy beiseite, Nadine plappert unaufhörlich weiter. Mein Kühlschrank ist zwar prall gefüllt. Was jedoch fehlt, ist die Butter. Ich finde sie nirgends, daher beschmiere ich mein trockenes Brot mit einer dicken Schicht Honig. Schmeckt grenzwertig, aber ich kann mich nicht um alles gleichzeitig kümmern. Vorrangig möchte ich jetzt mit Nadine die Geschehnisse durchkauen, nebenbei auch mein Brot. Butter kann ich danach immer noch kaufen. Man sollte Prioritäten setzen können. Ich kann das!
„Was hat eigentlich Rudolf damit zu tun?"
Krasser Themenwechsel, wahrscheinlich aus Gründen eigener Bedürfnisse. Allerdings anders, als ich bisher dachte.
„Der war halt zufällig da und hat sich gekümmert."

„Um was?"
„Um mich!"
„Ah, so …"
Stille.
„Nicht so, wie du jetzt denkst!"
„Wieso, was denke ich denn?"
Ich kläre Nadine über meine Beobachtungen auf, dass sie scharf auf ihn ist. Sie klärt mich im Gegenzug darüber auf, dass es anders sei. Die Unterhaltung erhält eine interessante Note, wie wir Frauen das mögen.
„Verliebt? Haha, iwo, Leonie!" Sie lacht dabei so laut, dass ich beinahe einen Hörsturz bekomme. Das wäre schlecht, da mein linkes Ohr ja eh schon angeschlagen ist.
„Nicht? Was dann?"
Trotz zwei inzwischen getrunkenen Tassen Kaffee plus einem Honigbrot ohne Butter stehe ich auf der Leitung.
„Muss ich dir das mit den Bienchen und Blümchen wirklich vom Ansatz her noch mal erklären?", fragt sie seufzend.
Äh, nö! Ich kenne mich aus. Kapiert! Schwesterherz hatte schon lange keinen Sex mehr. Da sind ihr beim Anblick von Rudolf ein paar lüsterne Sicherungen durchgebrannt. So was soll's geben. Ehrlich gesagt glaube ich aber nicht, dass er der Typ für erotische One-Night-Stands ist. Nadine muss sich da wohl woanders auslüstern.
„Haste keinen Vibrator mehr?", frage ich unverblümt.
„Boah, Leonie, das ist doch nicht dasselbe!"
Ja, okay, ich meinte ja nur. Manchmal liegen die Lösungen so nah und man sieht sie selbst einfach nicht.
„Was Shanghai angeht …" Nadine springt schneller von einem Thema zum anderen, als ich ihr gedanklich folgen kann. „Bitte deinen Mister Li-Wang doch einfach um zwei Wochen Bedenkzeit. So was kann man nicht an einem Tag entscheiden."
Die beste Feststellung an diesem Morgen. Neben der Tat-

sache, dass Nadine definitiv nicht in Rudolf verliebt ist. Das vereinfacht so manches, von dem ich zwar noch nicht exakt weiß, was. Ist nur so ein Gefühl.

„Gute Idee. Dann mach ich mich mal fertig fürs Büro. Tschau, Nadine!"

„Tschüsschen mit Küsschen."

An der Art ihrer Verabschiedung merke ich, dass sie keine Spur böse ist, heute per Chatnachricht von mir geweckt worden zu sein. Ich habe schon immer zu ihr gesagt, sie soll die Handytöne abstellen. Da wird man ja verrückt, wenn es bei jeder eintrudelnden Nachricht „Pling" macht. Um 4 Uhr 28 sowieso!

Was ziehe ich heute an? Die nächste schwerwiegende Frage, die gelöst werden will. Die Antwort überlege ich mir, solange ich die Scherben von meinem Wohnzimmerboden fege und das zerfetzte Buch zurück auf die Kommode lege. „Die Schlacht ist noch nicht zu Ende gefochten", drohe ich dem Ding. Daraufhin schweigt es auf der Kommode vor sich hin. Na, geht doch!

Ich entscheide mich für eine knallrote Bluse und eine enge Jeans. Rot ist gut, wenn man Signale setzen will. Da weiß jeder gleich „Achtung, Frau Leonie kommt!" Ich zumindest reagiere höchst ehrfürchtig, wenn ich mich mit meinem Auto einem roten Stoppschild nähere. Niemals würde ich wagen, die rote Signalfarbe zu ignorieren.

Dafür, dass ich gestern den Supergau erlebte (und sogar selbst fabrizierte!), Stimmen hörte und die ganze Nacht nicht geschlafen habe, fühle ich mich erstaunlich gut. Mein energiegeladener Stechschritt in Richtung Büro wird kurzzeitig unterbrochen, und zwar in dem Moment, als ich meine Wohnung verlasse. Neben der Tür steht erneut ein Präsent. Kein Kochtopf, sondern die schönste Orchidee, die ich je gesehen habe. Daneben eine kleine Schachtel Pralinen – eine von der teuren

Sorte. Auf ihr liegt eine Karte: „Kleine Aufmunterung für dich. Wünsch dir einen guten Tag. Rudolf."

Ach Gottchen, das ist aber lieb. Was die Pralinen angeht, habe ich keine Sorge bei der weiteren Anwendung. Bei der Orchidee mache ich mir schon mehr Gedanken. Meine Daumen werden in diesem Leben wohl nie mehr grün, egal, wie sehr ich mich bemühe. Rudolf zuliebe versuche ich natürlich mein Bestes. Ist ja wohl klar! Als Erstes kaufe ich mir dieselbe Gießkanne, wie er sie auch hat. Nur in einer anderen Farbe, denn bei Lila muss ich immer an Auberginen denken. Ich hasse Auberginen! Ich erweitere meinen gedanklichen Einkaufszettel also wie folgt:

Ein halbes Pfund Butter.

Eine rosa Gießkanne in Kleinformat.

Eine Dankeskarte für Rudolf.

Einkaufszettel Ende.

Auf in die lustige Bürorunde und schauen, was Moritz heute so treibt.

Eine Gießkanne, rosa bitte!

Im Großen und Ganzen kann man das, was ich gerade mache, Arbeit nennen. Wirklich produktiv ist sie jedoch nicht. Ich sitze im Büro und wirke sehr beschäftigt. Bin ich auch. Doch wie aus der Wortherkunft zu entnehmen ist, bedeutet das: Wenn ich produktiv bin, produziere ich etwas. Am Ende kommt also irgendein Ergebnis bei raus. Meine Ergebnisse der letzten sechs Stunden:
- Anruf von Moritz, den ich mit dem Argument abwimmelte, ich hätte jetzt keine Zeit.
- Spontanbesuch von Thomas, der nach 90 Sekunden mit meinen Worten endete: „Lass uns morgen sprechen, ich habe heute leider überhaupt keine Zeit."
- Meine Mails gelesen, jede von ihnen fünfmal. Die von Mister Li-Wang sogar achtmal. Darin steht, dass es für heute kein weiteres Meeting brauche, er schon wieder auf dem Weg zurück nach China sei und auf eine positive Entscheidung meinerseits hoffe.
- Meine Papiere sortiert, sie liegen jetzt schon viel sortierter vor mir, aber immer noch nicht bearbeitet.
- Löcher in die Luft gestarrt und mich gefragt, was ich hier eigentlich mache.

Zack, und schon waren die sechs Stunden um. Höchste Zeit also, zumindest die Mail meines neuen chinesischen Freundes zu beantworten. Das erste wirkliche Ergebnis für heute: „Thank you for your trust and generous offer. Please give me two weeks to think about the decision."
Warum mir dabei unverhofft die rosa Gießkanne wieder einfällt, die ich kaufen wollte, ist mir schleierhaft. Ich wundere

mich seit gestern über nichts mehr. Also mache ich einfach Feierabend – nachmittags kurz vor drei Uhr. Gabriele wundert sich schwer darüber. Ich nicht! Eine Gießkanne zu besorgen, ist wichtig.

Und dann stehe ich da ohne jeglichen grünen Daumen in der Pflanzenabteilung im Baumarkt. Vor ungefähr hundert Gießkannen jeglicher Größe und Machart. Eine Menge Hausfrauen laufen mit völlig überfüllten Einkaufswägen an mir vorbei. Sie sind bis oben hin mit Grünzeug bestückt. Ich habe keinen Einkaufswagen und wirke zwischen dem vielen Buschwerk der anderen Damen wie eine hilflose Großstadt-Lady, die sich im Dschungel verirrt hat.

„Entschuldigung, kann ich Sie bitte was fragen?"

Eine Dame in Grün eilt an mir vorbei. Also nicht mit Grün im Einkaufswagen, sondern einem grünen Oberteil, auf das ein Namensschild getackert ist. „Frau Sieglinde Diekmann" steht drauf. Sie wirkt sehr kompetent.

„Ja!", antwortet sie schroff.

Ihre Kompetenz verliert in dem Augenblick an Handfestigkeit. Sie schaut mich genervt an, als habe ich sie gerade beim Kaffeekränzchen gestört.

„Ich bin mir unsicher wegen der Gießkannen", beginne ich meine Not zu formulieren.

„Dafür ist Herr Peters zuständig!", giftet sie mich an. Und schon ist sie im Slalom mitten durch den Dschungel in Richtung Tapetenabteilung entschwunden.

„Sorry, dass ich zum Umsatz dieses Unternehmens beitragen wollte, das daraus wiederum Ihren Lohn finanziert!", rufe ich ihr laut hinterher.

Die geschätzt zwei Dutzend Hausfrauen in meinem näheren Dunstkreis drehen sich zu mir um. Stadtgespräch zu werden, ist gar nicht so schwer. Innerhalb von 24 Stunden habe ich die entscheidenden Weichen zweimalig dafür gestellt.

Zurück zu meinem Vorhaben. Wie es aussieht, bin ich auf mich alleine gestellt. Solche Situationen kenne ich zuhauf. Logik hilft da ungemein, also bemühe ich mich, auch jetzt, einen logischen Weg zum Ziel zu finden. Die Gießkannen in den untersten zwei Reihen kann ich schon mal ausschließen. Sie sind so groß, dass man mit nur einer Füllung vermutlich einen fünfhundert Quadratmeter großen Garten bewässern könnte.

„Was machst du denn hier?"

Die Stimme kenne ich. Es wird hoffentlich nicht zur Regel, dass in jeder hilflosen Situation meinerseits plötzlich Rudolf hinter mir steht. Er lächelt. Kein Wunder, ich sehe auch schrecklich deplatziert aus, wie ich da in meiner knallroten Businessbluse und ziemlich hohen Pumps auf dem weißen Plastikhocker stehe, den ich am Ende der langen Gießkannenreihe entdeckt habe. Reihe fünf bis acht ist für mich höhentechnisch unerreichbar. Was macht eine auf sich allein gestellte Frau da? Sie sucht Lösungen! In Form dieses Hockers habe ich recht schnell eine gefunden. Sie mag für Außenstehende vielleicht lustig aussehen, na und?! Das Ergebnis zählt.

„Ich suche eine Gießkanne!"

„Das sehe ich."

Er greift über meinen Kopf hinweg in Reihe sechs zu einem potthässlichen Teil in Rot.

„Die hier vielleicht?"

„Rot? Das ist doch keine Farbe!"

Sein Grinsen wird breiter und ich verstehe überhaupt nicht, was es da jetzt zu lachen gibt. Dann bleibt sein Blick auf meiner Bluse haften. Erst denke ich, der Rudolf glotzt auf meinen Busen. Also doch ein Typ wie alle anderen auch. Dann erste merke ich, dass es um die Farbe meiner Bluse geht anstatt um meine Oberweite.

„Ach so, meine rote Bluse! Das ist etwas völlig anderes."

Ich erkläre ihm den Unterschied von Kleidung und Plastikgießkannen. Und auch, warum die Wirkung der Farben deswegen unterschiedlich zu bewerten ist. Schon allein deshalb, da in meiner Wohnung aufgrund der Möbel und Dekoration Rot keinesfalls, sondern ausschließlich Rosé harmonisch wirken würde. Wohingegen ich durchaus Rot obenrum tragen kann, sofern alles andere an Kleidung und Accessoires darauf abgestimmt ist.

Die Logik einer Frau bei solchen Gesprächen ist für einen Mann unergründlich. Wenn er schlau ist, nimmt er die Argumente einfach zur Kenntnis und mischt sich nicht weiter mit Gegenargumenten ein. Rudolf ist schlau oder altersentsprechend sehr erfahren mit dem weiblichen Geschlecht. Wortlos stellt er das rote und wirklich hässliche Teil an seinen Platz zurück, greift nach links oben und siehe da: Ich erblicke eine wunderschöne rosafarbene Gießkanne in seiner Hand.

„Die nehm ich!", entscheide ich spontan.

Das erinnert mich an die Zeilen aus meinem inzwischen schwer lädierten Buch. Ich höre es von der Kommode zu Hause bis in den Baumarkt klatschen vor Begeisterung. „Na, siehste? Geht doch. Nur weiter so", motiviert es mich begleitend. „Ich tue, was ich kann!", gebe ich zur Antwort. Und das mache ich wirklich!

Natürlich lasse ich mir vor Rudolf nicht anmerken, dass ich mich gerade gedanklich – und physikalisch unerklärlich – mit einem Buch unterhalte. Alles, was Recht ist. Aber das gestern war echt schon genug Irres, das ich Rudolf gegenüber preisgegeben habe. Ich will vor der Nachbarschaft ja nicht dastehen wie eine Irre. Er grinst noch immer. An meiner Bluse kann es nicht liegen. Die Sache mit der Farbe haben wir soeben geklärt.

„Warum grinst du so?", frage ich geradeaus.

„Ach, nur so."

Na, wunderbar! Ich mache mich lächerlich und weiß nicht mal, warum. Schnell checke ich beiläufig meine Klamotten.

Alles sitzt perfekt. Vielleicht eine Nudel auf der Nase wie Loriot? Ne, kann nicht sein, ich habe heute gar keine Nudeln gegessen.

„Gefällt dir die Orchidee?"

Rudolf erkennt, dass zur Lösungsfindung unbedingt ein Joker nötig ist. Den ersten hat er mir damit ausgespielt. Heiliger Bimbam! Jetzt fällt's mir auch wieder ein. Die Orchidee! Ich habe mich noch gar nicht bei ihm bedankt.

„Äh, ja, also, sie ist wunderschön und ich wollte dir dazu auch noch eine Dankeskarte in den Briefkasten werfen. Heute, nach der Arbeit. Also jetzt! Im Prinzip also gleich, sobald ich zu Hause bin."

Verflixt, was rede ich da für wirres Zeug.

„Geht's dir besser?"

„Ja, danke, viel besser!"

Könnte man auch anders auslegen nach dieser Wirr-Warr-Antwort.

„Okay, ich freu mich drauf. Tschüss Leonie", verabschiedet sich Rudolf, drückt mir die Gießkanne in die Hand. Dann ist er auch schon weg – verschollen in den Tiefen des Baumarkts.

In diesem Moment werden mir zwei Dinge glasklar:

1. Ich kaufe die teuerste Dankeskarte für Rudolf, die ich kriegen kann.
2. Ich brauche dringend den Rat eines weisen Menschen, was ich denn nun wegen Shanghai machen soll.

Ist schon verdammt weit weg, dieses

„Die Orchidee ist toll. Und du bist ein toller Mensch. Komm doch bitte heute um acht zu mir, wenn du Zeit hast. Ich bräuchte bitte deinen Rat."

Ich weiß auch, dass man Dankeskarten üblicherweise anders beschriftet. Die Abbildung auf der Vorderseite macht das wieder wett und auch das imposante Format. Ich habe tatsächlich eine Karte in DIN A4 gefunden! Vorne drauf eine lustige Illustration. Ein Hund mit Schlappohren – sieht richtig süß aus. In der Schnauze hält er ein rotes Blümchen und über seinem Kopf prangen in riesigen Buchstaben zwei Worte: „VIELEN DANK".

Alles in allem macht die Karte echt was her, was man vom Innenteil nicht behaupten kann. Meine drei knappen Sätze wirken auf der großen, leeren, weißen Fläche total verloren. Hm. Sieht blöd aus. Vielleicht doch noch ein paar Sätze dazu? Ne, passt nicht.

Ein paar Klebebildchen von Mutti darauf platzieren?

Au, ja!

Meine Wohnzimmerschublade ist voll davon. Zu jedem Anlass und auch, wenn es keinen Anlass gibt, drückt sie mir ein paar davon in die Hand. Tannenbäume, Nikoläuse, Osterhasen … Um Himmels willen! Ganz unten und ganz unscheinbar entdecke ich ein paar Kleeblätter. Nicht zu 100 Prozent optimal, aber brauchbar.

Ich benötige eine geschlagene halbe Stunde, bis ich mir im Klaren bin, wie genau ich die Kleeblätter am besten drapieren könnte, damit es am Ende auch wirklich toll aussieht.

Ja, so ist es perfekt.

Rudolf freut sich bestimmt über den Wau-Wau, das Blümchen und die 14 Kleeblätter. Ich habe restlos alle eingeklebt, die ich in der Schublade finden konnte.

Auf leisen Sohlen schleiche ich ins Treppenhaus. Alles ruhig bis jetzt und niemand sonst zu sehen. Dann lege ich die Karte vor seine Tür. In dem Moment, als ich mich nach unten bücke, geht sie von innen auf. Ich sehe ein Paar geringelte Socken vor mir – grün-beige. Die gefallen mir auf Anhieb gut, doch um ein abschließendes Urteil zu fällen, müsste ich sie mir länger anschauen. Das erledigt sich abrupt, da ich unvorhergesehen nach vorne plumpse – die Dankeskarte immer noch fest mit der rechten Hand umklammert.

„Kommt auch nicht alle Tage vor, dass mir eine Frau zu Füßen liegt", meint Rudolf.

„Kommt auch nicht alle Tage vor, dass ich grün-beige geringelte Socken an Herrenfüßen über 50 aus der Nähe betrachte."

Eine höchst intelligente Unterhaltung nimmt ihren Lauf.

„Möchtest du vielleicht reinkommen?"

„Dann ist ja meine ganze Überraschung dahin!"

„Ist sie doch sowieso schon. Aber die Karte ist wirklich schön. Jetzt komm schon rein!"

Na, gut. Hab ja eh nichts anderes mehr vor heute. Bei ihm zu Hause sieht es noch grüner aus, als ich es in Erinnerung hatte. Auch sonst macht seine Wohnung einen eher weiblichen Eindruck: Überall ist es schön dekoriert: An den Wänden, auf den Regalen und scheinbar mag er Pastellfarben. Die gibt es hier in Hülle und Fülle, vor allem in Form von Tapeten, Gardinen und Sofakissen. Ich drücke ihm die Karte in die Hand. Dann inspiziere ich die Ergebnisse dessen ausgiebig, was zwei grüne Daumen alles ausrichten können. Ich fühle mich wie im Urlaub. Palmen, Blüten, grüne Oasen überall. Fehlen nur noch der Liegestuhl und ein Longdrink in der Hand.

„Willst du was trinken?"

Perfektes Timing, lieber Rudolf.

„Eine Pina Colada vielleicht. Ein Apfelschorle täte es aber auch."

„Sorry, Pina Colada und Apfelsaft sind alle. Sektchen?"

Ich bin da nicht ganz so wählerisch. Hauptsache nass. Meine Kehle ist trocken wie nach einem Ganztagesfußmarsch durch die Wüste. Dort war ich noch nie, stelle mir aber vor, dass es sich genau so anfühlen muss im Mund. Deswegen, und wirklich nur aus diesem einen Grunde, kippe ich das Glas in einem Zug in mich hinein.

„Prost!"

„Oh sorry, ich hatte solchen Durst."

„Ich seh's! Moment, ich hol dir noch ein Wasser."

Danach kehrt die gewohnte Stille ein, die wir zwei auch schon gestern ausgiebig zelebrierten. Ich nippe an meinem Wasser und betrachte die Palme direkt neben mir und danach den Rudolf, der für sein Alter noch ziemlich fülliges Haar hat. Beim Lesen trägt er eine Brille und neuerdings auch einen Vollbart, der ihm ganz gut steht, aber mindestens fünf Jahre älter macht. Er hypnotisiert derweil die Karte. Zehn Minuten lang sitzen wir uns schweigend gegenüber.

„Schöne Kleeblätter!" Rudolfs dezenter Versuch, wieder ins Gespräch zu kommen.

„Ja, ne? Von Mutti! Der Hund ist aber auch goldig, oder?"

„Sehr goldig. Danke dir für die Karte. Und sonst? Was gibt's?"

Was soll es schon geben. Nichts! Ich bin – dank Sekt, Wasser und grüner Oase – meditativ beeinflusst. Das hat zur Auswirkung, dass ich einfach so dasitze und an rein gar nichts denke. Ein seltener Moment. Mein Kopf denkt immer irgendwas, teils auch völligen Quatsch.

„Du wolltest doch etwas mit mir besprechen?"

Kleiner Steigbügel, um mir wieder in den Sattel zu helfen. Ich habe völlig den Faden verloren und blicke erst mal gar nicht, was er meint. Auf dem Tisch steht eine Schüssel Erdnüsse. Ich nehme mir eine Handvoll. In Nüssen sollen Stoffe enthalten sein, die das Gedächtnis in null Komma nichts aufpushen. Ich werfe mir alle auf einmal in den Mund, damit die Wirkung schneller eintritt.

„Soll ich wirklich nach Shanghai?", beginne ich, mein Anliegen schrittweise kundzutun. „Ist schon verdammt weit weg, dieses Shanghai. Und so viele Menschen dort", ergänze ich meine Frage.

Ich bemühe mich wirklich, die Logik mit Hilfe der Nüsse schnellstens wiederherzustellen. Das klappt bis jetzt nur dürftig. Rudolf zeigt sich – wie bereits gestern – dennoch sehr geduldig mit mir. Obwohl er mit dem Gesagten wenig anfangen kann.

„Der Typ gestern war übrigens mein Oberboss aus China. Stelle dir vor, jeden verdammten Monat des vergangenen Jahres kam er hierher und wollte mit uns Schmorbraten essen gehen. Bis auf gestern, da bestellte er sich Holsteiner Sauerfleisch. Danach bin ich ausgeflippt, aber nicht deswegen."

Ich komme in Fahrt. Rudolf gießt mir vorsorglich ein zweites Glas Wasser nach. Den Sekt wiederum stellt er lieber beiseite.

„Jedenfalls hasse ich diese Geschäftsessen. Mir wird da immer voll übel vor Panik. Und jetzt soll ich für ein halbes Jahr nach China."

„Und das möchtest du nicht?"

„Keine Ahnung. Irgendwie schon und auch wieder nicht."

Mein Handy klingelt. In unpassendsten Augenblicken wie diesen kann das nur Muttchen sein. Es ist Muttchen. Ich ignoriere das Klingeln penetrant. Mutti bleibt derweil ebenso penetrant dran und probiert es nach dem ersten vergeblichen Versuch zweimal erneut.

„Willst du nicht lieber rangehen?"

„Ganz sicher nicht!"

Damit diese Störungen ein Ende haben, schalte ich mein

Handy einfach aus. Wo waren wir stehen geblieben? Och menno! Nun hat Mutti mich glattweg aus meinem meditativen Zustand geholt. Mein Kopf denkt wie wild querbeet durcheinander auf der Suche nach dem Anfang und Ende – und warum ich überhaupt hier bin. Bestimmt würde Rudolf das auch gern mal wissen.

Ich angle mir eine weitere Großportion Nüsse aus der Schale und warte. Rudolf wartet ebenso. Auf was eigentlich? Ach so, dass ich mal zu Potte komme und den wichtigen Grund meines Gesprächsbedarfs verrate.

„Jedenfalls ist es so …"

Guter Versuch, Leonie, weiter so. Die Coaches dieser Welt wären gar nicht stolz auf mich. Denn jetzt, Achtung, genau jetzt kommt alles andere als eine coachingerechte Äußerung.

„Ich weiß ehrlich nicht, was ich machen soll. Ich hab total Schiss, die falsche Entscheidung zu treffen!"

„Hast du dir schon mal genauer Gedanken über alle Vor- und Nachteile gemacht?"

Was meint er damit? Natürlich habe ich das. Ich denke seit gestern an nichts anderes. Und das fortwährend im Kreis.

„Auch aufgeschrieben?"

Ach so! Ne, das natürlich nicht. Dazu bin ich vor lauter Kreisdenken noch gar nicht gekommen.

„Also, ich mache das ganz gern mit Dingen, die es abzuwägen gilt und in eine Entscheidung münden sollen. Tipp von meinem Coach."

Naja, wie weit ihn das bis jetzt seinem Ziel nähergebracht hat, sieht man. Aber okay, probieren kann ich es ja mal. Wo wir gerade so nett beieinandersitzen.

„Hast du was zu schreiben?"

So ist das bei mir. Zack, ich schreite gern schnell zur Tat, wenn sich die Möglichkeit auftut. Und in Gesellschaft eines älteren, weisen Mannes sehe ich den Ergebnissen dieses Versuchs sehr positiv entgegen.

„Okay!", sagt er nur und läuft mit seinen geringelten Socken zum Schrank. Dabei habe ich ausreichend Zeit, diese endlich genauer unter die Lupe zu nehmen. Sie stehen ihm ausgezeichnet und ich stelle fest, dass er sehr kleine Füße hat. Höchstens Schuhgröße 40.

Wenige Minuten später sitzen wir schon über meinen Gedanken. Herrlich, wenn die nicht mehr im Kreis laufen müssen, sondern sich direkt auf dem Papier ihren Ausgang aus meinem Kopf suchen. Nach einer halben Stunde fühlen sich meine Wangen vor Euphorie glühend an, die Erdnüsse indes sind inzwischen leer und draußen bricht langsam die Abenddämmerung über uns herein. Ich könnte nicht mal mehr sagen, welchen Tag wir heute haben. Der meditative Zustand hat mich wieder, als ich mich in einer kurzen Pause zurücklehne und meine Aufzeichnungen anschaue. So viele Vor- und Nachteile, wow. Blöderweise in jeder Kategorie exakt gleich viele, was die finale Entscheidungsfindung nicht einfacher macht. Aber irgendwie fühlt es sich trotzdem gut an. Dies verstärkt sich dadurch, dass Rudolf sich neben mich setzt und behutsam seinen Arm um mich legt. Da mein Kopf sich aufgrund der Meditation so entsetzlich schwer anfühlt, lege ich ihn auf seiner Schulter ab.

Genau so und nicht anders sitzen wir den restlichen Abend beieinander. Den Großteil davon schweigend. Gelegentlich fällt mein Blick dabei auf das DIN-A4-Blatt vor mir. Shanghai ist in dem Moment dennoch sehr weit weg. Alles andere und vor allem diese bescheuerte Phobie erst recht!

Anders als geplant

Vier Monate später:
Ich sitze
mit einer Tasse Tee
in meinem Schaukelstuhl
vor dem Fenster
und habe dabei den direkten Blick
auf die Skyline von Shanghai.

Schon cool hier,
in meinem Apartment im 20. Stockwerk.

Nicht sehr groß,
aber wunderbar schnuckelig
und außerdem hochmodern mit allem Schnickischnacki.

Eigentlich hätte ich jetzt ja beschäftigt sein sollen mit den Belangen des Mister Li-Wang und dessen neuen Unternehmen.

Doch wenige Tage nach meiner Ankunft hier kam unverhofft alles anders. Statt dem geplanten Arbeitsaufenthalt entwickelte sich das Ganze für mich nun zu einer Aufgabe ganz anderer Art.

Mister Li-Wang treffe ich dennoch einmal die Woche – allerdings aus Gründen, auf die ich vor fünf Monaten im Leben nie gekommen wäre.

Die Autoren

Ulrike Parthen –
Autorin, Ghostwriterin,
waschechte Schwäbin:
Durch das intuitive Schreiben erschafft sie für sich und andere Geschichten in heiterer Romanform. In Workshops führt sie zudem interessierte Menschen an das intuitive Schreiben heran. Wenn sie nicht gerade schreibt, steht sie garantiert vor der Kamera ihres fotografierenden Ehemanns oder streift durch die Wälder der näheren Umgebung.

Weitere Infos: **www.ulrikeparthen.de**

Bernd Kiesewetter –
Berlins Erfolgscoach Nr. 1,
Unternehmer + Impulsgeber:
Bernd Kiesewetter unterstützt Menschen dabei ihre Verantwortung zu erkennen und erfolgreich zu übernehmen – für das eigene Leben, das Unternehmen und für andere(s). Mit Vorträgen, Seminaren, Coachings, Büchern, Podcasts und seinen Erfolgskicks im Radio erreicht er täglich Hunderttausende, um ihnen zu mehr Erfolg und Lebensglück zu verhelfen.

Weitere Infos: **www.berndkiesewetter.com**

Die gemeinsame Sicht aus unterschiedlichen Blickwinkeln auf die manchmal recht skurrile Welt der Persönlichkeitsentwicklung hat uns verbunden. Wir wollen sie mit dir teilen und freuen uns schon auf dein Feedback zum Buch. Natürlich sind wir auch für alle deine Fragen da. Antworten kommen postwendend. Maile uns gern!

Ulrike Parthen: *uli@ulrikeparthen.de*
Bernd Kiesewetter: *mail@berndkiesewetter.com*

Die Buchgestalterin

Jana Schlosser –
Kommunikationsdesignerin
und Berliner Marke:

„Was ist schön?" – diese Frage beschäftigt sie seit ihrer Schulzeit. Und gleich darauf: „Warum finden andere Menschen andere Dinge schön?".

Mit viel Emphatie und Einfühlungsvermögen in jede neue Gestaltung, sei es eine Website, ein Buch oder ein Corporate Design, geht sie der Frage nach dem ganz besonderen, schönen und damit auch sinnvollen Kern auf den Grund und gestaltet so sehr individuelle und einzigartige Medien.

Weitere Infos: **www.janaschlosser.de**